W0171167

Kirstin Kabasci

CITY|TRIP

KÖLN

Nicht verpassen!

Karte S. 3

1 Hoher Dom zu Köln [H7]

Das Wahrzeichen Kölns, die größte gotische Kathedrale der Welt, birgt eine Vielzahl an Schätzen, Engeln und Dämonen. Die Aussicht vom Südturm auf die Altstadt ist überragend (s. S. 60).

4 Römisch-Germanisches Museum [H7]

Vor rund 2000 Jahren gründeten die Römer ihre Colonia. Das Museum zeigt einzigartige römische Relikte, ob Münzen oder Mosaiken. Auch die spätere germanische Geschichte wird thematisiert (s. S. 70).

5 Museum Ludwig [H7]

Dieses renommierte Museum zeigt herausragende moderne Kunst des 20. und 21. Jh. Auch die drittgrößte Picasso-Sammlung der Welt findet sich unter dem Flusswellen-Dach am Rhein (s. S. 70).

11 Alter Markt [H7]

Zwischen Rhein und Rathaus gelegener hübscher Platz mitten in der Altstadt. Die in historischen Bürgerhäusern angesiedelten Brauhäuser servieren Kölsch zu kölscher Kost (s. S. 76).

14 Wallraf-Richartz-Museum & Fondation Corboud [H8]

Das Museum zählt zu den bedeutendsten Gemäldegalerien Deutschlands und zeigt abendländisch-klassische Kunst. Verschiedene Kunstepochen kommen in modernem Ambiente brillant zur Geltung (s. S. 79).

22 Rautenstrauch-Joest-Museum – Kulturen der Welt und JuniorMuseum [G8]

Ein Völkerkundemuseum der innovativen Art, denn hier sind kulturelle Gemeinsamkeiten und Unterschiede nach Themen gegliedert. Im JuniorMuseum wird das Leben von Kindern und Jugendlichen in verschiedenen Kulturen thematisiert (s. S. 86).

32 Kirche St. Gereon [F6]

In dem romanischen, kuppelgekrönten Zehneckbau vereinen sich spätantike, romanische und gotische Baustile. Der legendenumwobene St. Gereon wurde zu Beginn der Christenzeit als Märtyrer verehrt und avancierte zum Stadtpatron Kölns (s. S. 93).

41 Kirche St. Ursula [H6]

Die romanische Emporenbasilika mit Gebeinkammer entstand zu Ehren der heiligen Ursula, die der Legende nach einen blutigen Märtyrertod erlitten haben soll und Kölns weiblicher Schutzpatron ist (s. S. 100).

Leichte Orientierung mit dem cleveren Nummernsystem

Die Sehenswürdigkeiten sind im Text und im Kartenmaterial mit derselben **magentafarbenen ovalen Nummer** 1 markiert. Alle anderen Lokalitäten wie Geschäfte, Restaurants usw. tragen ein **Symbol und eine fortlaufende rote Nummer** (1). Die Liste aller Orte befindet sich auf S. 140, die Zeichenerklärung auf S. 143.

Köln

Köln auf einen Blick

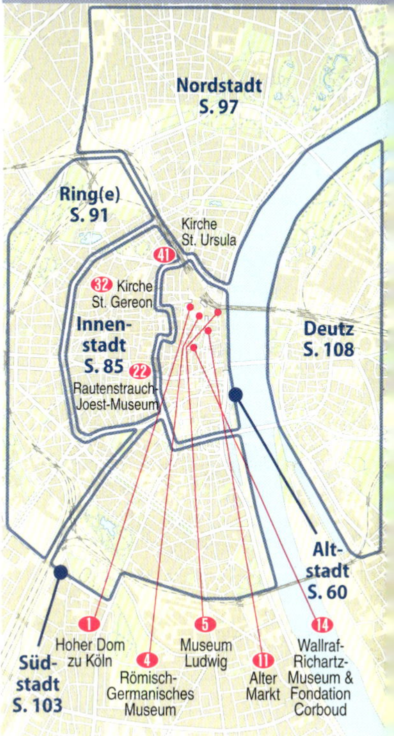

Inhalt

Zeichenerklärung

★★★ nicht verpassen
★★ besonders sehenswert
★ wichtig für speziell interessierte Besucher

[A1] Planquadrat im Kartenmaterial. Orte ohne diese Angabe liegen außerhalb unserer Karten. Ihre Lage kann aber wie von allen Ortsmarken mithilfe der begleitenden Web-App angezeigt werden (s. S. 144).

Vorwahlen

- für Deutschland: 0049
- für Köln: 0221

Für Sie entdeckt

Verglichen mit anderen Großstädten geht es in Köln beinahe gemütlich zu. Nichtsdestotrotz tut sich auch in der Domstadt eine ganze Menge. Besonders spannend ist derzeit die archäologische Aufbereitung der über zweitausendjährigen Stadtgeschichte.

Archäologische Großbaustelle

Um den Rathausplatz entsteht die größte archäologische Zone Europas! Gegenwärtig kann man durch den Bauzaun zusehen, wie zuvor freigelegte altbetagte Gebäudereste mit Holzumbauten, Spezialtextilien, Sand und Schotter geschützt werden. Ab Ende 2015 soll hier ein Museum entstehen. Zukünftig sollen Besucher Kölns Historie über- und unterirdisch erkunden können (s. S. 79).

Köln per Stadtbahn

Das Streckennetz der Kölner Stadtbahn wird immer länger. Die in Bau befindliche Nord-Süd-Stadtbahn ist eines der größten Stadtbauprojekte Deutschlands (s. S. 131).

Grüne Plakette

Inzwischen dürfen weite Teile der linksrheinischen Stadt sowie einige rechtsrheinische Stadtteile nur noch von Fahrzeugen mit grüner Plakette befahren werden. Für alle anderen gilt Fahrverbot – außer auf erlaubten Transitstrecken (s. S. 112).

Bauernhof im Zoo

Der Kölner Zoo hat eine neue Besucherattraktion: Der Clemenshof ist ein Bauernhof mit Fachwerkhaus, Ställen und Weiden samt tierischen Bewohnern. Bewusst hat man sich für alte Nutztierrassen entschieden (s. S. 98).

090kn Abb.: kk

AUF INS VERGNÜGEN

Köln an einem Wochenende

Köln bietet etliche Komponenten mit K wie Kultur, Kunst, Konsum, Karneval, Kneipen und Kirchen (samt Knochen, sprich Reliquien), aber auch noch viel mehr. Einiges ist kölsch und einzigartig – anderes typisch für eine Metropole.

Hier sollen einige **Vorschläge** für einen zweitägigen Besuch mit Dom und Altstadt am ersten Tag sowie eine Auswahl weiterer Highlights am zweiten Tag gemacht werden. Alle vorgestellten Museen haben am Wochenende geöffnet, Kirchenbesichtigungen sind während der Gottesdienste – also insbesondere sonntagsmorgens – nicht möglich. Daraus resultiert die im Folgenden vorgeschlagene Besichtigungsreihenfolge.

Tag 1

Am ersten Tag sollte man sich den Dom und die Altstadt ansehen. Letztere ist voller Sehenswürdigkeiten, die man nach seinen eigenen Interessen auswählen kann. Das Areal ist überschaubar und weite Teile sind verkehrsberuhigt, daher kann man sich gut zu Fuß bewegen. Der Abend kann zum Beispiel gemütlich in einem kölschen Brauhaus ausklingen.

Er ist alles überragend und man sollte ihn unbedingt gesehen haben: Der **Hohe Dom zu Köln** 1 ist das Wahrzeichen der Stadt und die beliebteste Sehenswürdigkeit der Deutschen – über sechs Millionen Besucher besichtigen die gigantische gotische Kathedrale Jahr für Jahr. Für die vielen Details im Inneren sollte man sich Zeit nehmen. Die **Domschatzkammer** birgt wertvolle Sakralschätze und der Untergrund offenbart das mächtige Fundament und geschichtsträchtige Funde, die bis zur Römerzeit zurückdatierbar sind. Man sollte die Mühe nicht scheuen und über die Treppen den **Südturm** erklimmen, denn der Ausblick über die Altstadt und Köln ist einmalig! Auch sollte man einmal **um den Dom herumgehen** und die Augen für die verspielten Details offen halten, die einem zuerst vielleicht gar nicht aufgefallen sind (s. S. 67).

Nach der Besichtigung des Doms bietet sich ein Besuch der **Altstadt** an. Wer zunächst einen Überblick bekommen und ein wenig bummeln möchte, dem sei der **Stadtspaziergang** (s. S. 16) empfohlen, der im Kapitel „Köln für Citybummler" beschrieben ist. Er bietet einen Überblick über die zentralen Sehenswürdigkeiten, versteckte Plätze und Möglichkeiten zum Einkehren und Flanieren und ist auch im beiligenden Faltplan eingezeichnet.

Für diejenigen, die die Altstadt lieber vollständig auf eigene Faust erkunden wollen, soll im Folgenden eine **thematische Vorstellung** der dortigen Besichtigungsmöglichkeiten gegeben werden.

Kölns Altstadt birgt Zeugen der rund 2000-jährigen Stadtgeschichte, denn damals siedelten sich dort die Römer an und gründeten „Colonia". Um den Dom herum bekunden Überreste des **römischen Nordtores** und der **römischen Stadtmauer** 3 diese

◁ Vorseite: Blick vom Dom 1 hinab auf das Martinsviertel (s. S. 72), Rhein und Deutz (s. S. 108)

Anfänge. Im **Römisch-Germanischen Museum** 4 kann man sich ausführlich über diese Epoche informieren. Eigentlich ist aber der gesamte Boden der Altstadt voller Römerrelikte: Der alte **Statthalterpalast** 13 befindet sich z.B. unter dem **Rathaus** 12 und ist zu besichtigen. Vor dem Rathaus werden derzeit wichtige archäologische Grabungsfunde gesichert, bevor hier ab Ende 2015 ein Museum erbaut wird (s.S. 79).

Wem der Sinn mehr nach der Erkundung des Mittelalters steht, der kann sich eine der großen **romanischen Kirchen** (oder mehrere) ansehen. Köln birgt 12 solcher Kleinode (s.S. 46). Sie stellen einen besonderen, aber leider schnell zu übersehenen bau- und kunstgeschichtlichen Schatz dar. In der Altstadt befinden sich **St. Andreas** 2, **Groß St. Martin** 8, **St. Maria Lyskirchen** 18 und **St. Maria im Kapitol** 19.

An Museen findet sich neben dem Römisch-Germanischen z.B. auch das **Museum Ludwig** 5, das moderne Kunst vom Feinsten zeigt. Kunstfreunde werden auch von der Ausstellung des **Wallraf-Richartz-Museum & Fondation Corboud** 14 im Martinsviertel begeistert sein. Ein Museum der besonderen Art ist das **Duftmuseum im Farina-Haus** 15. Im Rahmen einer Führung kann man diese älteste Parfümfabrik der Welt besichtigen – klar, dass hier Original Kölnisch Wasser destilliert wurde. Schleckermäuler und Sportbegeisterte finden „ihre" Museen in der Altstadt-Süd am Rheinufer: das **Schokoladenmuseum** 17 und das **Deutsche Sport und Olympia Museum** (s.S. 36).

Apropos Rheinufer: Auch das sollte man gesehen haben, denn entlang eines Altstadtufer-Fußweges kann man prima flanieren oder am **Fischmarkt** 10 bzw. an der **Frankenwerft** 9 pausieren – immer mit Panoramablick auf den Fluss und auf schmale bunte Giebelhäuser. Etliche Restaurants und Cafés haben hier im Sommer Außentische und ein Stück vom Ufer entfernt finden sich auch um die beiden einstigen Marktplätze **Heumarkt** 16 und **Alter Markt** 11 etliche Gastronomiebetriebe und pit-

Dat jidet nur in Kölle

Kölsch sprechen: *Dialekt der fein verpackten Derbheiten (s. S. 54)*

Kölsch essen: *Halve Hahn, Flönz met Öllig, Himmel un Äad machen neuierig (s. S. 25).*

Kölsch trinken: *helles obergäriges Vollbier in schlanken Stangen (s. S. 32)*

Kölsch duften: *Das Kölnisch Wasser hat Weltruhm erlangt (s. S. 79 und s. S. 89).*

Kölner Dom 1*: die größte gotische Kathedrale der Welt*

Kölner Karneval: *Millionen schunkeln und schmettern „Kölle alaaf" (s. S. 55).*

Kallendresser: *Eine blanke Kehrseite gilt den Stadtoberen (s. S. 76).*

Bermudadreieck: *Schwule gehen hier gerne verloren (s. S. 123).*

Goldene Kammer: *Lächelnde Mädchenbüsten bergen Knochenreliquien (s. S. 101).*

Heilige Drei Könige: *Geraubte Gebeine ließen Köln zur heiligen Stadt avancieren (s. S. 65).*

Kirchenhostel: *Übernachten im Pathpoint, einem früheren Gotteshaus (s. S. 130)*

091kn Abb.: kk

toreske Fassaden. Allerdings ist hier meist viel Betrieb – insbesondere bei schönem Wetter tummeln sich hier Touristen aus allen möglichen Ländern.

Auf dem Platz am **Heinzelmännchenbrunnen** 6 ist ebenfalls meist viel los und quirlig geht es auch in der hiesigen Fußgängerzone, der **Hohen Straße** 7, zu, die parallel zum Rhein verläuft. Beschaulicher ist es auf dem **Rote-Funken-Plätzchen** (zwischen Buttermarkt und Auf dem Rotherberg), dem **Ostermannplatz** [I7], dem **Eisenmarkt** [I8] sowie dem Platz vor Groß St. Martin 8.

Wer möchte, kann auch gut eine **Schiffstour auf dem Rhein** (s. S. 126) in seine Altstadtbesichtigung integrieren – in den Sommermonaten starten täglich etliche Panoramarundfahrten. Die meisten führen flussaufwärts bis Rodenkirchen oder auch den Rhein abwärts bis nach Mülheim. Es bieten sich erstklassige Köln-Ansichten!

Den Altstadtbesuch kann man bestens mit einer **Einkehr in einem kölschen Brauhaus** ausklingen lassen. Hier gibt es Kölsch zum Trinken, zum Essen und gesprochen wird – klaro – auch Kölsch. Kölsche Brauhäuser gibt es etliche. Dank der großen Auswahl kann man sich von seinen Vorlieben leiten lassen (s. S. 24).

Tag 2

Auch am zweiten Tag bietet Köln jede Menge Highlights, sodass einem keinesfalls langweilig wird. Heute stehen die Innenstadt und der Besuch eines kölschen Veedels – eines „Viertels“ – auf dem Plan.

Startpunkt für die Tour durch die Innenstadt ist der **Neumarkt** [G8] (Haltestelle: Neumarkt). An diesem verkehrsumströmten Platz treffen Kommerz und Kultur aufeinander – außer sonntags, denn da haben Geschäfte und Einkaufspassagen geschlossen. Kultur bietet der unübersehbar riesige, konsequent kubische, aber nicht wirklich hübsche Komplex des Kulturquartiers. Er beherbergt drei Museen und bietet dem Besucher somit Auswahl. Beim **Rautenstrauch-Joest-Museum** mit dem integrierten **Junior-Museum** 22 handelt es sich um ein innovativ gestaltetes Völkerkundemuseum. Hier kann man entlang dem Themenparcours „Der Mensch in seinen Welten“ auf kulturelle Entdeckungsreise gehen und sehen, wie Menschen zu verschiedenen Zeiten und in verschiedenen Erdteilen ihr Leben gestalten. Das hauseigene JuniorMuseum widmet sich speziell den Lebenswelten von Kindern und Jugendlichen. Das Kulturquartier führt einen jedoch nicht nur in ferne

Welten, sondern auch in vergangene Zeiten: Das **Museum Schnütgen** in der angrenzenden romanischen Kirche St. Cäcilien 23 bietet eine Zeitreise ins Mittelalter. Ein kleiner Teil der Ausstellung wird im neumodischen Kulturkoloss präsentiert, der Großteil befindet sich aber im Innenraum der dreischiffigen Pfeilerbasilika. Eindrucksvoll verschmilzt mittelalterliche Sakralkunst mit dem Kirchenraum. Als Ruhepol dient der Kirchengarten im Innenhof.

„Nord oder Süd?", so lautet die Frage nach dieser Stippvisite in der City. Im Norden Kölns kann man sich nun das Viertel rund um den Eigelstein ansehen – oder im Süden das Severinsviertel besuchen. Echt „kölsche Veedel" sind beide und sie bieten auch ähnliche Sehenswürdigkeiten. Einmal dort angekommen, kann man jedes Viertel zu Fuß erkunden.

Variante Eigelsteinviertel (Haltestelle: Breslauer Platz/Hbf oder Ebertplatz): Der **Eigelstein** 40 ist eine Einkaufsstraße zwischen dem Breslauer Platz und dem Ebertpatz. Schon die Römer nutzten diese Trasse als Fernstraße nach Norden. Beim Spaziergang durch das Viertel offenbart sich dessen kölsch-türkischer Charme. Wer zunächst gerne Mittag essen möchte bzw. nach der Veedelerkundung zu Abend essen, kann dies z. B. in einem kölschen Brauhaus wie Em Kölsche Boor (s. S. 101) tun. Außerdem stehen am Eigelstein diverse Imbisse zur Verfügung. Die **Eigelsteintorburg**, die dem Viertel seinen Namen gibt, ist ein Zeuge des Mittelalters. Wer allerdings eher an der Erkundung romanischer Kirchen interessiert ist, der kann sich **St. Ursula** 41 ansehen, die sich nahe dem südlichen Ende des Eigelstein befindet. Interessant sind nicht nur die Geschichte und die Architektur der Emporenbasilika, sondern auch die barocke Gebeinkammer, die sogenannte „Goldene Kammer".

Variante Severinsviertel (Haltestelle: Severinstr. oder Chlodwigplatz): Das **Severinsviertel** 45 wird auf Kölsch „Vringsveedel" genannt und gilt als eine Art kölsches Vorzeigeveedel. Seine Lebensader ist die Severinstraße, die wie der Eigelstein eine Einkaufsstraße ist. Die Römer zogen ihrem Verlauf folgend nach Süden. Wer zur Mittagszeit gerne einkehren möchte, kann dies auch hier in einem kölschen Brauhaus tun. Zur Auswahl steht hier z. B. Früh em Veedel (s. S. 104). Wer es lieber kosmopolitisch möchte, der kann einen der Imbisse entlang der Severinstraße wählen, wo man auch zum Ausklang des Tages essen gehen könnte. Die **Severinstorburg**, nach der das Viertel benannt wurde, gewährte einst Einlass ins mittelalterliche Köln. Nur wenig weiter nördlich steht die romanische Kirche **St. Severin** 46, die eine bewegte Baugeschichte vorweisen kann – die Ausgrabungsfunde in ihrem Keller zeugen davon. Es lohnt sich, beim Besuch des Viertels auch mal von der Severinstraße abzubiegen und die drum herum gelegenen Straßen zu erkunden.

Ausflugsschiff an der Hohenzollernbrücke [I7]

Zur richtigen Zeit am richtigen Ort

Die Domstadt lockt ihre Besucher mit einer Vielzahl an Veranstaltungen. Der größte Publikumsmagnet ist aber natürlich der Kölner Karneval (s. S. 55), die sogenannte „Fünfte Jahreszeit“.

Januar, Februar, März

- **Karnevalssitzungen und -bälle:** Schon ab November ist Session – für einige Veranstaltungen sind Karten nur schwer zu ergattern.
- **Kölner Straßenkarneval:** Alaaf, Bütze und Schunkeln hat Hochsaison zwischen Weiberfastnacht und Aschermittwoch, das Nonplusultra ist der Rosenmontagszug (www.koelnerkarneval.de).
- **lit.Cologne** (März): Das größte Literaturfest Europas findet 11 Tage lang im März statt (www.litcologne.de).

April

- **Expedition Colonia:** die Stadt entdecken bei ungewöhnlichen Stadtführungen und Besichtigungen (auch Kinder-Expedition, www.expedition-colonia.de)
- **Internationales Frauenfilmfestival:** Filmfestival von Frauen für Frauen, das im jährlichen Wechsel in Köln oder Düsseldorf stattfindet (www.frauenfilmfestival.eu)
- **Art Cologne:** bedeutende Kunstmesse mit rund 200 ausstellenden Galerien aus dem In- und Ausland (www.artcologne.de)
- **Frühlingsvolksfest:** Riesenkirmes am Deutzer Rheinufer (Deutzer Werft [J8/9], www.volksfest-koeln.de)

Karnevalsgarde in Aktion

Alljährlich im Mai: Weinwoche auf dem Heumarkt

Mai

- **Weinwoche:** Winzer präsentieren ihre Rebsäfte auf dem Neumarkt (www.koelner-weinwoche.de).
- **Kölner Museumsfest:** An einem Maisonntag bietet der Internationale Museumstag freien Eintritt in zahlreiche Museen (www.museenkoeln.de).
- **Sommerblut-Festival:** Das „Festival der Multipolarkultur" richtet sich ausdrücklich auch an Menschen mit Behinderung und lädt zu einem Perspektivwechsel, zu mutiger Kunst und Kultur ein (www.sommerblut.net).

Juni

- **Romanischer Sommer:** außergewöhnliche Kulturevents und Konzerte vor der Kulisse der großen romanischen Kirchen (www.romanischer-sommer.de)
- **Fronleichnam:** Gottesdienst im Dom 1 und Schiffsprozession auf dem Rhein (www.muelheimer-gottestracht.de)
- **Drachenbootrennen:** drei Tage Wettrudern auf der Regattastrecke Fühlinger See (www.drachenboot-koeln.de)
- **Tag der Forts:** Besichtigungen, Führungen und Kulturprogramm in den Überresten der Preußenforts (www.tag-der-forts.de)
- **Nacht der Technik:** Erlebnisabend für Technikfans, der Einblicke in Arbeitswelt und Prozesse technischer Unternehmen gibt (www.nacht-der-technik.de)

EXTRATIPP

Termine

Was wann und wo rund um Köln stattfindet, erfährt man tagesaktuell aus den Stadtmagazinen und Tageszeitungen (s. S. 117) oder bei KölnTourismus (s. S. 116), die wie KölnTicket (s. S. 117) auch Karten für verschiedene Veranstaltungen verkaufen.

Juli

- **Kölner Sommerfestival:** Die Philharmonie (s. S. 35) fungiert als Schauplatz internationaler Show- und Kulturhighlights (www.bb-promotion.com).
- **Christopher Street Day/Cologne Pride:** ein rund zweiwöchiges schrilles und regenbogenbuntes Lesben- und Schwulenfest mit großer Parade, Straßenfest, Aids-Gala und Partys (Programm unter www.csd-cologne.de)
- **Summerjam:** 3-tägiges Reggaefestival am Fühlinger See (www.summerjam.de)
- **Kölner Lichter:** beliebtes Fest mit Konzerten und Straßenkunst. Abends mit aufwendigem Höhenfeuerwerk und Rhein-Schiffskonvoi vor illuminierter Altstadt (www.koelner-lichter.de).
- **Sommer Köln:** drei Wochen lang Musik, Show, Tanz, Kabarett, Theater, Literatur, Kinderprogramm u. v. m. – alles umsonst und draußen (www.sommerkoeln.de)

038kn Abb.: kw

Zur richtigen Zeit am richtigen Ort

August

- **Kölner Golf Woche:** Golfturnier mit Kultur- und Gourmetangeboten (www.koelnergolfwoche.de)
- **c/o pop (cologne on pop):** fünftägiges Festival für Pop, elektronische Musik, Indie- und Klubkultur (Infos unter www.c-o-pop.de)
- **Gamescom Festival:** Europas größtes Messe- und Eventhighlight für interaktive Spiele und Unterhaltung (www.gamescomcamp.de)
- **Spectaculum:** größtes Mittelalter- und Fantasiefestival Deutschlands mit Konzerten, Ritterturnier, Handwerkermarkt u. v. m. an einem Wochenende am Fühlinger See (www.spectaculum.de)

September

- **Kölner Bierbörse:** 35 Brauereien präsentieren 500 Biersorten, neben Kölsch finden sich auch verschiedenste Biersorten aus aller Welt (www.bier boerse.com).
- **Weltkindertag:** zahlreiche Kinderveranstaltungen und Fest in der Altstadt: am Rheinufer Frankenwerft 9 und am Heumarkt 16 (www.weltkindertag-koeln.de)
- **Herbststaffel Rheinland à la Menü:** Top-Gastronomen laden zu kulinarischen Highlights ein (www.dine-restaurant.de).
- **RheinEnergieMarathon:** Jeder kann mitlaufen (Anmeldung erforderlich) beim Marathon, Halbmarathon, Staffelmarathon oder Kinderlauf. Mit Rahmenprogramm (www.koeln-marathon.de).

Oktober

- **Internationales Köln Comedy Festival:** Comedy-Künstler strapazieren knapp zwei Wochen lang die Lachmuskeln ihrer Zuschauer (www.koeln-comedy.de).
- **Kölner Theater Nacht:** Die vielfältige Kölner Theaterwelt kann man bei einer Nacht der offenen Theatertüren entdecken (www.theaternacht.de).
- **Art Fair:** dreitägige Messe für moderne und aktuelle Kunst, Nachwuchskünstler und namhafte Vertreter (www.art-fair.de)
- **Herbstvolksfest:** große Kirmes am Deutzer Rheinufer (Deutzer Werft [J8/9]) (www.volksfest-koeln.de)

November

- **Cologne Fine Arts & Antiques:** traditionsreiche Kunst- und Antiquitätenmesse (www.colognefineart.de)
- **Karneval:** Am 11.11. pünktlich um 11 Uhr 11 wird auf dem Alter Markt 11 die Karnevalssession eingeläutet.
- **Lange Nacht der Kölner Museen:** Kunst, Kultur, Musik, Lesungen, Präsentationen und Partys zu später Stunde in Kölner Museen (www.museumsnacht-koeln.de)

Dezember

- **Kölner Krippenweg:** Den ganzen Monat über kann man über 100 Weihnachtskrippen bestaunen (www.koelner-krip penweg.de).
- **Weihnachtsmärkte:** Glühwein, Gebäck, Geschenke und Gedränge (z. B. Dom 1, Neumarkt, Schokoladenmuseum 17)
- **Silvester:** Feuerwerk zum Jahreswechsel am Rheinufer und auf den Brücken

Das ganze Jahr über

- **Fußballspiele des 1. FC Köln:** zwischen Bangen und Hoffen (Tel. 26011221, www.fc-koeln.de)
- **Eishockeyspiele der Kölner Haie:** in den Wintermonaten (Tel. 01806 116011, www.haie.de)
- **Pferderennen in Weidenpesch:** in den Sommermonaten (Tel. 9475050, www.koeln-galopp.de)

102kn Abb.: fo©RalfenByte

Köln für Citybummler

Köln ist keine hinreißend schöne Stadt, aber Köln hat Charakter. Die Stadt am Rhein ist vielseitig, schrill, selbstbewusst, selbstverliebt – mitunter sogar größenwahnsinnig. Köln ist Kulturmetropole, Medienzentrum, Messestadt, hat seine eigene Sprache, eigenes Bier und ureigene Veedel – darauf sind Kölner stolz.

Kölner Stadtteile

Köln gliedert sich in **neun Stadtbezirke** und **86 Stadtteile**, doch was die Stadt prägt, sind ihre „**Veedel**". Es wäre nicht korrekt, dieses kölsche Wort einfach mit „Stadtteil" zu übersetzen, denn ein Veedel ist ein eigener Mikrokosmos mit eigener Geschichte, eigener Lebensart, liebenswerten und schrulligen Seiten. In den Veedeln findet das Kölner Alltagsleben statt. Wenn man wissen möchte, was Köln tatsächlich ausmacht, dann sollte man sich überregional bekannte Veedel-Klassiker wie z. B. das Severinsviertel 45, Nippes 44, den Eigelstein 40, das Agnesviertel 42, das Belgische Viertel 33 oder das Friesenviertel 31 ansehen und ihre Vielfalt entdecken. Da es keine exakte Grenzziehung zwischen den Veedeln gibt, kann so manches dieser „gefühlten Gebiete" mehrere Namen tragen. Sie lassen sich schwer in die bürokratische Raster der Stadtverwaltung einpassen und auch auf

Die drei Kranhäuser am Rheinauhafen bilden einen modernen Kontrast zum Dom

Straßenschildern und in Stadtplänen sind sie nicht verzeichnet. Gebiete wie das Kunibertsviertel, das Georgsviertel, das Pantaleonsviertel, das Mauritiusviertel, das Cäcilienviertel oder das Kapitolviertel können wohl nur Kölner lokalisieren. Touristen wohlbekannt ist das Martinsviertel, ein Schmuckstück der Altstadt. Ein Rundgang dort wird im nächsten Abschnitt beschrieben.

Köln besteht für viele Kölner nur aus den **linksrheinischen Gebieten**, denn nach Ansicht vieler ist der Rhein eine Grenze, eine Art Kölner Mauer. Hüben – im Westen – wohnen die Glücklichen, die Wohlhabenden, die Gewinner, die „echten" Kölner. Drüben – **im Rechtsrheinischen** – gibt es angeblich keine Kultur und nichts zum Einkaufen, dort „fängt Sibirien an". Das sollte man aber nicht allzu ernst nehmen: Es gehört zum kölnischen Humor und somit zum Brauchtum, die östliche Stadthälfte zu verballhornen.

› www.koelner-stadtteile.de, www.koeln.de/veedel

Kölner Stadtspaziergang

Kölns touristischstes Viertel ist das **Martinsviertel** (s. S. 72) im Herzen der **Altstadt**. Hierhin kommen Besucher aus aller Welt und hier kann man – vom Durchgangsverkehr verschont – prima bummeln gehen. Der hier beschriebene **Spaziergang** umrundet das Kerngebiet der Altstadt und vermittelt einen Eindruck von ihrer Ausdehnung. Er führt an vielen touristischen Highlights vorbei und zeigt auch Kölns viel fotografierte Bilderbuch-Schauseite am Rhein. Die Route ist im beiliegenden **City-Faltplan** eingezeichnet. Bei der Fülle an möglichen Sightseeingstopps – und je nach Länge der Kaffee- oder Kölschpausen – lässt sich bei diesem Spaziergang ein Vor- oder Nachmittag gut füllen.

Routenverlauf im Stadtplan
Der hier beschriebene Spaziergang ist mit einer farbigen Linie im Stadtplan eingezeichnet.

Als **Ausgangs- und Endpunkt** des knapp 2 km langen Rundgangs ist der Dom ❶ unverfehlbar. Der Hauptbahnhof liegt nebenan und bietet beste Anreisemöglichkeiten, denn auch die Stadtbahn hält hier. Wer noch Informationen benötigt, findet Infostellen von KölnTourismus (s. S. 116) und Domforum (s. S. 68) direkt gegenüber vom Dom-Haupteingang, und wer möchte, kann vor dem Altstadtspaziergang das gotische Gotteshaus noch umrunden (ca. 500 m) oder den Südturm erklimmen und die Aussicht auf die Stadt genießen (exakt 101 Höhenmeter).

Der Stadtspaziergang beginnt auf dem an der Südfassade der Kathedrale gelegenen **Roncalliplatz** [H7]. Von hier sind es nur rund hundert Meter bis zum **Heinzelmännchenbrunnen** ❻, von dem man der Straße Am Hof wenige Schritte nach Osten Richtung Rhein folgt, um dann nach Süden, also nach rechts, in die Straße Unter Goldschmied abzubiegen. Sie führt nach rund 5 Gehminuten zu den Überresten des **römischen Statthalterpalasts** ⓭ und des **römischen Abwasserkanals** und wenige Schritte weiter zum **historischen Rathaus** ⓬ samt der **Archäologischen Zone** (s. S. 79). Dieses Areal wird aufwändig zu einem unterirdischen Museum ausgebaut, das römische und mittelalterliche Stadtstrukturen und Artefakte zeigen soll.

An der Straßenecke Unter Goldschmied/Obenmarspforten findet sich das **Duftmuseum im Farina-Haus** ⓯, in dem man in die Historie des Original Eau de Cologne „hineinschnuppern“ kann. Biegt man hier nach Osten, also von der Straße Unter Goldschmied nach links Richtung Rhein ab, so trifft man direkt auf das **Wallraf-Richartz-Museum & Fondation Corboud** ⓮, eine der bedeutendsten Gemäldegalerien Deutschlands, die in modernem Ambiente abendländische Kunst präsentiert. Über die Straße Marsplatz erreicht man nur ca. 200 Meter hinter dem Museumskubus das Nordende des **Heumarkt** ⓰. Dieser historische Marktplatz markiert das südliche Ende des Martinviertels, am Südende des Platzes führt die Deutzer Brücke über den Rhein in den Stadtteil Deutz (s. S. 108). Hier hat man etwa die halbe Rundgangstrecke hinter sich und nun geht es im Zickzackkurs durch die engen Gassen des Martinsviertels zurück.

Von der nördlichen Schmalseite des Heumarkt führt die **Salzgasse** Richtung Rhein. Zwischen Heumarkt und Salzgasse befindet sich der **Eisenmarkt** [I8], auf dem ein Denkmal an den beliebten Volksschauspieler Willy Millowitsch erinnert und wo im Hänneschen Theater (s. S. 36) Stockpuppen das Publikum auf Kölsch belustigen. Auf der linken Seite der Salzgasse befindet sich der **Ostermannplatz** [I7], der nach Willi Ostermann, einem Komponisten und Sänger von Heimat- und Karnevalsliedern, benannt wurde. Beide Altstadtplätze sind nur durch Passagen zwischen den Häusern zu erreichen und sind einen Blick wert.

011kn Abb.: kk

Der Stadtspaziergang führt unter anderem an den bunten Giebelhäusern Am Fischmarkt ❿ vorbei, die vom mächtigen Turm der Kirche St. Martin ❽ dominiert werden

Folgt man der Salzgasse noch ca. 300 Meter und dann der zweiten kreuzenden Quergasse namens **Buttermarkt** [I8] nach Norden (links), so erreicht man wenig später den **Fischmarkt** ❿. Auch wenn dieser pittoreske Platz nahe dem Rhein liegt, wird hier schon lange kein Fisch mehr gehandelt, es bietet sich einem aber ein Bilderbuchblick auf schlanke, bunte Giebelhäuser. Hier kann man sich in eines der vielen **Cafés** oder **Restaurants** setzen – bzw. bei gutem Wetter an einen der Außentische – und dem Treiben auf und am Rhein zusehen.

Vom Fischmarkt führt die **Lintgasse** wieder vom Rhein weg. Rechter Hand reckt die romanische Kirche **Groß St. Martin** 8 ihren markanten Turm in den Himmel, linker Hand befindet sich wieder der Ostermannplatz. In nur wenigen Gehminuten erreicht man dem zweitgrößten Platz des Martinviertels, den **Alter Markt** 11. Es lohnt sich, eine Runde um diesen einstigen Marktplatz zu flanieren und einen Blick auf den Kallendresser oder das Doppelhaus „Zum Brezel" und „Zum Dorn" (Nr. 20/22), ein Beispiel für die früheren Patrizierhäuser am Platz, zu werfen. Wer am Fischmarkt keine Pause gemacht hat, kann auch in einem der hiesigen **Gastronomiebetriebe** einkehren. Vom nördlichen Ende des Alter Markt führt die **Mühlengasse** erneut im Richtung Rhein (nach rechts).

Nach Norden (also nach links) heißt die **Rheinpromenade Frankenwerft** 9 und führt direkt am Ufer entlang auf die ca. 200 m entfernte Hohenzollernbrücke zu. Auf diesem kurzen Stück Rheinpromenade kann man – vor allem bei gutem Wetter – bereits die Anziehungskraft des Flusses erahnen. Spaziergänger, Jogger und Radfahrer teilen sich den Uferweg, Müßiggänger und Kinder den Rheingarten. Viele lassen es sich in den **Außengastronomien** der Straßen Am Bollwerk und Am Frankenturm oder bei einer Schifffahrt auf dem Rhein (s. S. 126) gut gehen.

Kurz vor der Hohenzollernbrücke führen links Treppen hinauf zum **Heinrich-Böll-Platz** vor dem **Museum Ludwig** 5, das Kunst des 20. und 21. Jahrhunderts bietet. Hier befinden sich auch die quasi „im Untergrund" liegende **Philharmonie** (s. S. 35) und nur wenig weiter das **Römisch-Germanische Museum** 4, das die römischen Wurzeln Kölns und des Rheinlands dokumentiert. Von hier kann man in wenigen Minuten den Start- und auch Endpunkt dieses Spaziergangs, den **Dom** 1, erreichen.

Wer noch **weiter spazierengehen** möchte, kann dazu die Rheinuferpromenade wählen oder über die Hohenzollernbrücke (Zugang für Fußgänger vom Heinrich-Böll-Platz) die ca. 500 Meter bis zum Deutzer Rheinufer bummeln. Dabei verdienen die zahllosen Vorhängeschlösser, die von Liebespaaren als Liebesmanifest an die Brücke geschlossen wurden, Beachtung. Von Deutz aus hat man einen tollen Blick auf das Kölner „Postkarten-Panorama".

Shoppingfans können ab dem Haupteingang des Doms der Fußgängerzone Hohe Straße 7 folgen – über den Abzweig Schildergasse 20 kommt man nach ca. 1 km zum Neumarkt [G8] mitten in der Innenstadt.

Fußmüde können am Roncalliplatz beim Dom Wolters Bimmelbahnen (s. S. 127) besteigen, ab der Uferpromenade eine Schifffahrt auf dem Rhein (s. S. 126) starten oder einen Brauhausbesuch in der Altstadt anfügen (s. S. 24). Vom nahe gelegenen Hauptbahnhof fahren öffentliche Nahverkehrsmittel in alle Teile der Stadt.

Die Breite Straße 28 *ist eine von drei Fußgängerzonen*

Köln für Kauflustige

Köln bietet bunte und prallgefüllte Einkaufsstraßen, Ladenpassagen, Geschäfte sowie Wochen-, Trödel- und Spezialmärkte. In diesem Kapitel werden innerstädtische Einkaufsmöglichkeiten und besondere Einzelhandelsgeschäfte vorgestellt.

Das Shoppingzentrum der **Innenstadt** liegt rund um den **Neumarkt** [G8]. Diverse Ladenpassagen, ein Kaufhaus sowie Spezialgeschäfte und Boutiquen buhlen um die Gunst der Kunden.

Am Neumarkt beginnt zudem die **Fußgängerzone** Schildergasse 20 (Haltestelle: Neumarkt oder Heumarkt) und ein Stückchen weiter, in der Nähe des Appellhofplatzes, verläuft die Fußgängerzone Breite Straße 28 (Haltestelle: Neumarkt oder Appellhofplatz). Beide münden in Kölns dritte Fußgängerzone, die Hohe Straße 7 (Haltestelle: Dom/Hbf oder Heumarkt), die parallel zum Rhein verläuft und zum Dom 1 führt.

Rund um den **Appellhofplatz** [G7] finden sich außerdem diverse Einkaufszentren.

All diese Shoppingareale sind **echte Publikumsmagnete** und bieten wohlbekannte Einzelhandelsfilialen, genau so wie in anderen Städten auch. Wer etwas **ganz Besonderes** erwerben möchte, wird woanders fündig:

Die nahe dem Neumarkt gelegenen Straßen Ehrenstraße [F7], Mittelstraße [F8] und Pfeilstraße [F7/8] im südlichen **Friesenviertel** 31 bieten vornehmlich Designermode bekannter Edelmarken, aber auch junge Modeschöpfer haben sich dazwischen angesiedelt.

Abwechslung vom Mainstream bietet auch das **Belgische Viertel** 33.

093kn Abb.: kk

Einkaufsgalerien und Ladenpassagen

1 [H6] **Colonaden,** Trankgasse 11 (Altstadt), Haltestelle: Dom/Hbf, Tel. 160870. Auch außerhalb der üblichen Öffnungszeiten findet man in den Einkaufscolonaden im Hauptbahnhof allerlei Nützliches und Leckeres.

2 [G7] **DuMont-Carré,** Breite Str. 80–90 (Innenstadt), Haltestelle: Appellhofplatz, Tel. 2725090, www.dumontcarre.de. Das an der Fußgängerzone Breite Straße gelegene Einkaufszentrum bietet ca. 50 Geschäfte mit breitgefächertem Warenangebot, auch Supermarkt, Cafés und Restaurants.

Shoppingareale

Die wichtigsten Shoppingbereiche der Stadt sind im Kartenmaterial mit einer rötlichen Fläche markiert.

KLEINE PAUSE

Shop-Stop in der City

Für Touristen interessant sind auch die dem Neumarkt nahen Ruhepole folgender **Einzelhandelsgeschäfte:**

- 13 [G7] **Globetrotter Ausrüstung,** Richmodstr. 10, Haltestelle: Neumarkt, Tel. 2772880, www.globetrotter.de, geöffnet: Mo.–Fr. 10–20, Sa. 10–21 Uhr. Vier Etagen voller Outdoor- und Reiseausstattung. Hauseigenes Restaurant mit vielfältigen Speisen aus aller Welt, überdachte Außenterrasse mit offenen Feuerstellen.
- › **Mayersche Buchhandlung** (s. S. 21). Riesige Auswahl an Büchern, viele Sonderangebote, Sofas zum Probelesen und Café.

- 3 [G8] **Neumarkt-Galerie,** Richmodstr. 8 (Innenstadt), Haltestelle: Neumarkt, Tel. 20592101, www.neumarktgalerie.de. Wettergeschützt bummeln dreigeschossiger Innenhofgalerie. Mit großem Buchladen und ca. 60 weitern Läden sowie Cafés.
- 4 [G8] **Neumarkt-Passage,** Neumarkt 18–24 (Innenstadt), Haltestelle: Neumarkt, Tel. 2272223, www.neumarktpassage.de. Passage mit hohem Niveau am Neumarkt, mit großem Buchladen und Fachgeschäften sowie Gastronomie.
- 5 [G7] **Opern-Passagen,** Breite Str. 1 (Innenstadt), Haltestelle: Appellhofplatz,Tel. 2580171, www.opernpassagen.de. Auf Hochglanz polierte Passage mit ca. 40 Fachgeschäften der Luxusklasse.
- 6 [G7] **WDR-Arkaden,** Breite Str. 6–26 (Innenstadt), Haltestelle: Appellhofplatz, Tel. 2200, www.wdr.de. An der Fußgängerzone Breite Straße befinden sich zum einen Studios und Büros des WDR, im Erd- und Untergeschoss des Gebäudes aber auch Läden mit Waren des täglichen Bedarfs sowie eine Postfiliale.

Interessante Geschäfte

Alltagsallerlei

- 7 [E7] **Condomi,** Limburgerstr. 22 (Belgisches Viertel), Haltestelle: Friesenplatz oder Rudolfplatz, Tel. 251186, www.condomi.com, geöffnet: Mo.–Sa. 10–19 Uhr. Kondome und Liebesspielzeug in allen Varianten.
- 8 [G7] **Maus & Co.,** Breite Str. 6–26 (Innenstadt), Haltestelle: Appellhofplatz, Tel. 2572134, www.wdrshop.de, geöffnet: Mo.–Sa. 10–18 Uhr. Hochwertige Geschenkartikel, Kleidung, Schreib- und Spielwaren mit der orangefarbenen Kultmaus und ihren tierischen Kollegen.
- 9 [F6] **O.K.-Versand,** Gladbacher Str. 36 (Belgisches Viertel), Haltestelle: Christophstr./Mediapark, Tel. 9525015, www.okversand.com, geöffnet: Mo.–Fr. 12–18.30, Sa. 11–16 Uhr. Außergewöhnliche und bunte Alltagsgegenstände.

Originelles

- 10 [E7] **boutique fraukayser,** Maastricher Str. 40–44 (Belgisches Viertel), Haltestelle: Rudolfplatz, Tel. 8232006, www.boutique-fraukayser.de, geöffnet: Mo.–Sa. 12–19 Uhr. „Glücklichmachersachen", Accessoires, Präsente, Kinder- und Babygegenstände; originelle Stickereien oder Wunschtexte
- 11 [G7] **CCAA,** Auf dem Berlich 30 (Innenstadt), Haltestelle: Appellhofplatz, Tel. 2576191, www.ccaa.de, geöffnet: Di.–Fr. 10–13, 14–18, Sa. 10–16 Uhr. Nachbildungen antiker Glaskunstwerke, Studioglas, Glasdesign, feines Kunsthandwerk.
- 12 [F7] **Filz Gnoss,** Apostelnstr. 21 (Innenstadt), Haltestelle: Neumarkt, Tel. 2570108, www.filz-gnoss.de, geöffnet: Mo.–Fr. 9.30–18.30, Sa. 10–16 Uhr. Alteingesessener Familienbetrieb mit Filzwaren, Designerartikeln, Taschen und Bastelbedarf.

Bücher

14 [H11] **Buchhandlung Am Chlodwigplatz, J. Schumandl GmbH,** Ubierring 6–8 (Severinsviertel), Tel. 327267. Kleine Buchhandlung der alten Schule. Hier ist man auf jeden Fall „gut beraten".

15 [F7] **BUNT Modernes Antiquariat,** Breite Str. 161–167 (Innenstadt), Haltestelle: Neumarkt, Tel. 2509836, www.buntbuchhandlung.de, geöffnet: Mo.–Sa. 10–20 Uhr. Modernes Antiquariat mit zahllosen preisreduzierten Büchern aller Sparten.

16 [G8] **Mayersche Buchhandlung,** Neumarkt 2 (Innenstadt), Haltestelle: Neumarkt, Tel. 203070, www.mayersche.de, geöffnet: Mo.–Sa. 9–20 Uhr. Großer Buchladen mit allem, was des Lesers Herz begehrt. Leseecken, E-Book-Station, Kindertummelplatz und hauseigenes Café.

Mode

17 [E7] **Blauer Montag,** Limburger Str. 6 (Belgisches Viertel), Haltestelle: Friesenplatz, www.blauer-montag.com, Tel. 2724905, geöffnet: Di.–Fr. 11–19, Sa. 11–16 Uhr. Hausgefertigte Designermode in kleiner Stückzahl und Maßanfertigungen für Sie und Ihn.

18 [F8] **Loud! Outlet,** Benesisstr. 8–12 (Friesenviertel), Haltestelle: Rudolfplatz oder Neumarkt, Tel. 25089822, www.iloveloud.com, geöffnet: Mo.–Fr. 11–19, Sa. 11–18 Uhr. Fashionistas finden hochwertige Markenkleidung, Lifestyle- und Interieurartikel.

19 [F7] **Vintage & Rags,** Hohenzollernring 47 (Ring), Haltestelle: Friesenplatz, Tel. 2577991, www.vintage-rags.de, geöffnet: Mo.–Fr. 11–20, Sa. 11–19 Uhr. 250 m² voll mit Secondhandkleidung und Accessoires ab den 1950er-Jahren.

Musik

20 [G9] **a-Musik,** Kleiner Griechenmarkt 28–30 (Innenstadt), Haltestelle: Poststraße, www.a-musik.com, Tel. 16930600, geöffnet: Di.–Fr. 12–19, Sa. 12–16 Uhr. *Ambient, Neo-Kraut, Drone* und unzählige weitere Electronica-Spielarten auf Vinyl und CD.

21 [E8] **Parallel,** Brabanter Str. 2–4 (Innenstadt), Haltestelle: Rudolfplatz, Tel. 2706794, www.parallel-schallplatten.de, geöffnet: Mo.–Fr. 11–19, Sa. 12–18 Uhr. Neue und gebrauchte Vinylscheiben und CDs verschiedenster Musikstile.

22 [G5] **Saturn,** Hansaring 97 (Ring), Haltestelle: Hansaring, Tel. 16160, www.saturn.de, geöffnet: Mo.–Sa. 10–20 Uhr. Elektronikfachmarkt, auch wegen der riesigen CD-Auswahl gut besucht.

Süßes

23 [E8] **Bärendreck Apotheke,** Richard-Wagner-Str. 1 (Innenstadt), Haltestelle: Rudolfplatz, Tel. 3559954, www.baerendreck-apotheke.de, geöffnet: Di.–Fr. 12–18.30, Sa. 12–16.30 Uhr. Über 600 Lakritzprodukte aus 20 Ländern: Süßigkeiten, Spaghetti, Liköre, Kondome u. v. m.

24 [H7] **Bonbonschmiede,** Bechergasse 9–13 (Altstadt), Haltestelle: Dom/Hbf, Rathaus oder Heumarkt, Tel. 97245692, www.bonbonschmiede.de, geöffnet: Di.–Sa. 11–18, So. 11–16 Uhr. Handgemachte Bonbons und Lutscher, Einblicke in die Schauküche.

EXTRATIPP

Köln-Souvenirs online

- **Kölner Dom Edition,** www.kultur-edition.de. Der Dom immer anders.
- **KölnShop,** www.der-koelnshop.de. Köln-Souvenirs mal anders.
- **Domkloster 4,** www.domkloster4.de. Der Erlös aus dem Verkauf der Dom-Souvenirs kommt der Kathedrale zugute.

25 [H8] **Honig Müngersdorff,** An St. Agatha 37 (Innenstadt), Haltestelle: Neumarkt oder Heumarkt, Tel. 22204998, www.honig-muengersdorff.de, geöffnet: Mo.–Fr. 10–18, Sa. 10–16 Uhr. Alles, was man aus Honig machen kann.

Souvenirs

26 [H7] **Cologne Souvenirs,** Alter Markt 55 (Altstadt), Haltestelle: Heumarkt oder Rathaus, Tel. 2570457, www.cologne-souvenirs.de, geöffnet: Mo.–So. 11–19 Uhr. Klassische Köln-Souvenirs wie Mini-Dom, Schneekugel und Kölnisch Wasser, auch Deutschland-Kitsch wie Kuckucksuhren, Weihnachtspyramiden oder Bierhumpen.

27 [H7] **Domkloster 4** (Altstadt), Haltestelle: Dom/Hbf, Domkloster 4, Tel. 17940444, www.domkloster4.de, geöffnet: Mo.–Sa. 10–19, So. 11–19 Uhr. Vielfältige Dom-Souvenirs.

28 [H7] **KölnTourismus Souvenir Shop,** Kardinal-Höffner-Platz 1 (Altstadt), Haltestelle: Dom/Hbf, Tel. 221346430, www.der-koelnshop.de, geöffnet: Mo.–Sa. 9–20, So. 10–17 Uhr. Interessante und praktische Artikel verkauft von KölnTourismus (s. S. 116).

070kn Abb.: fa

Kölsches

26 [G7] **4711-Traditionshaus Glockengasse.** Echt-Kölnisch-Wasser-Souvenirs und -Brunnen, Galerie zur Historie des Unternehmens und des Duftwassers sowie Führungen (Sa.) und Duftseminare (Do.).

15 [H7] **Duftmuseum im Farina-Haus.** Hier wurde bereits 1709 original Eau de Cologne produziert. Das hauseigne Duftmuseum widmet sich dieser dreihundertjährigen Duft- und Kulturgeschichte.

29 [I7] **Peters Brauhaus Shop,** An Groß St. Martin 6–8 (Altstadt), Haltestelle: Dom/Hbf, Heumarkt oder Rathaus, Tel. 2573950, www.peters-brauhaus.de, geöffnet: Mo.–Fr. 10–19, Sa. 10–18, So. 11–19 Uhr. Peters-Kölsch-Zubhör wie Kölschkranz, Kölschstange, Zapfhahn, T-Shirt etc.

Karnevalsartikel

30 [I6] **Festartikel Schmitt,** Johannisstr. 67 (Nordstadt), Haltestelle: Breslauer Platz/Hbf, Tel. 123687, www.festartikel-schmitt.de, geöffnet: Mo.–Fr. 10–19, Sa. 11–15 Uhr. Festartikel, Kostüme, Dekoartikel.

31 [H7] **H. J. Knopeks Medaillen-Galerie,** Alter Markt 55 (Altstadt), Haltestelle: Heumarkt oder Rathaus, Tel. 253600, www.muenzhandel.de, geöffnet: Mo.–Fr. 10–14 u. 15–18. Karnevalsorden, Münz- und Medaillenhandel mit Tradition.

32 [E8] **Jot Jelunge,** Lindenstr. 53 (Innenstadt), Haltestelle: Rudolfplatz, Tel. 249891, www.jotjelunge.de, geöffnet: Mo.–Fr. 12–19, Sa. 12–16 Uhr. Karnevalsartikel, Kostüme, Dekoration.

*Das Duftmuseum im Farina-Haus **15** vermittelt Einblicke in die Kulturgeschichte des Eau de Cologne*

Märkte

33 [J6] **Fischmarkt am Tanzbrunnen,** Rheinparkweg 1 (Deutz), Haltestelle: Messe/Deutz, Bf Deutz/Messe oder Im Rheinpark, Tel. 0211 8629870, www.rheinlust.de, April–Oktober, jeden dritten oder vierten So. im Monat. Einkaufen und Schlemmen mit Marktschreierflair: alles aus dem Meer, Obst, Gemüse, Kunsthandwerk und Livemusik.

34 [D11] **Kölner Stadtflohmarkt,** am Uni-Center, Universitätsstr. (Sülz), Haltestelle: Weißhausstr., jeden Sa. 9–16 Uhr (außer feiertags), Tel. 955645441, www.stadt-flohmarkt.de. Kölns einziger ganzjähriger Flohmarkt.

35 [H11] **Ökomarkt Severinskirchenplatz,** Severinstr. (Severinsviertel), Haltestelle: Chlodwigplatz, Di. und Fr. 8–13 Uhr. Ökoprodukte und Delikatessen, auch Gebrauchsgegenstände.

36 [H7] **Weihnachtsmarkt am Kölner Dom,** Roncalliplatz, Haltestelle: Dom/Hbf, www.koelnerweihnachtsmarkt.com, zur Adventzeit 11–22 Uhr. Malerischer und bestbesuchter Kölner Weihnachtsmarkt vor Domkulisse.

37 [G2] **Wochenmarkt Wilhelmplatz,** Wilhelmstr. (Nippes), Haltestelle: Florastr., tägl. außer So. 8–13 Uhr. Auf diesem Obst- und Gemüsemarkt ist jeden Wochentag was los – charakteristisch und erlebenswert ist das türkisch-kölsche Flair.

Preiskategorien

Die folgenden Preiskategorien dienen als Orientierungshilfe und beziehen sich auf Durchschnittspreise für ein Hauptgericht ohne Getränke.

€	bis ca. 12 Euro
€€	ca. 12–25 Euro
€€€	mehr als 25 Euro

Köln für Genießer

In Köln gibt es über 4000 Gastronomiebetriebe. Hier findet jeder das passende Etablissement – je nach Geschmack, Geldbeutel und Stimmung. Tipp: Zu jedem Köln-Besuch sollte eine Stippvisite im Brauhaus gehören!

Insbesondere das **Martinsviertel** der Altstadt ist voller Lokale und das Angebot reicht vom kölschen Brauhaus bis zur karibischen Cocktailbar. Im **Kneipenareal** des Univiertels 35 finden sich ebenfalls zahlreiche gastronomische Einrichtungen jeglicher Couleur. Weitere Gastromeilen sind außerdem die **Friesenstraße** im Friesenviertel 31, die **Ringstraßen** (s. S. 91) zwischen Friesenplatz und Rudolfplatz sowie **Weidengasse** [H5] und **Eigelstein** 40 in der Nordstadt.

Restaurants

International

38 [H4] **Alte Feuerwache** €€, Melchiorstr. 3 (Agnesviertel), Haltestelle: Ebertplatz, Tel. 737393, www.lokal-koeln.de, geöffnet: 10–1 Uhr. Restaurant und Café in schöner, alter Feuerwache. Bei gutem Wetter sitzt man im riesigen Innenhof, klasse für Familien mit Kindern. Mittagsbüffet, Sonntagsbrunch und WLAN-Hotspot.

39 [E9] **Amabile** €€€, Görresstr. 2, (Univiertel), Haltestelle: Zülpicher Platz, Dasselstr./Bf Süd oder Köln Süd, Tel. 219101, www.restaurant-amabile.de, Di.–Sa. 18–24 Uhr. Kleines Restaurant mit gemütlicher Landhausatmosphäre und Außenterrasse am Rathenauplatz. Fantasievolle Menüs und À-la-Carte-Gerichte.

40 [G5] **Maybach** €€, Maybachstr. 111 (Mediapark), Haltestelle: Hansaring, Tel. 9123598, www.maybach111.de, geöff-

EXTRATIPP

Gastro-Tipps im Internet

- www.koeln.de
- www.koeln.prinz.de
- www.restaurant-kritik.de

Gastro- und Nightlife-Areale

Bläulich hervorgehobene Bereiche in den Karten kennzeichnen Gebiete mit einem dichten Angebot an Restaurants, Bars, Klubs, Discos etc.

net: Mo.-Sa. 12-24, So. 10-15 Uhr. Restaurant, Café, Lounge und Bar mit vielfältigem Speise- und Weinangebot, Sonntagsbrunch und großer Terrasse am Rand des Mediaparks, WLAN-Hotspot.

41 [G8] **Woyton** €, Antonsgasse 7 (Innenstadt), Haltestelle: Neumarkt oder Heumarkt, Tel. 4531390, www.woyton.de, geöffnet: Mo.-Fr. 8-20, Sa. 9-20 Uhr. Weitere Filialen: Breite Str. 80-90, DuMont-Carré (Innenstadt, geöffnet: Mo.-Fr. 8-20, Sa. 9-20 Uhr), Krebsgasse 8-12 (Innenstadt, geöffnet: Mo.-Fr. 8-20, Sa. 9-20, So. 12-19 Uhr), In der Höhle 6 (Altstadt, geöffnet: Mo.-Fr. 8-20, Sa. 8.30-20, So. 10-19 Uhr), im Weltstadthaus (Schildergasse 67, geöffnet: Mo.-Sa. 10-20 Uhr) und Bismarkstr. 44 (Belgisches Viertel, geöffnet: Mo.-Fr. 8-20, Sa./So. 10-20 Uhr). Ernährung frisch, innovativ und gesund. WLAN.

Bürgerlich

42 [E9] **Bei Oma Kleinmann** €, Zülpicher Str. 9 (Univiertel), Haltestelle: Zülpicher Platz, Tel. 232346, www.beiomakleinmann.de, geöffnet: Di.-So. 17-1 Uhr. Leckere Hausmannskost und Riesenschnitzel zu kundenfreundlichen Preisen in rustikaler Eckkneipe mit Kultstatus.

43 [I7] **Em Krützche** €€, Am Frankenturm 1-3 (Altstadt), Haltestelle: Dom/Hbf oder Rathaus, www.emkruetzche.de, Tel. 2580839, geöffnet: Di.-So. 10-24 Uhr. Historisches Gasthaus mit gutbürgerlicher kölscher bzw. deutscher Küche und Weinkeller, mit Außenterrasse am Altstadt-Rheinufer.

44 [E7] **Guten Abend** €€, Brüsseler Str. 55 (Belgisches Viertel), Haltestelle: Rudolfplatz oder Moltkestr., Tel. 511600, www.gutenabend.org, geöffnet: 17-23 Uhr. Gasthaus mit Biokost am Brüsseler Platz, im Sommer Außenterrasse.

45 [H12] **Kartöffelchen** €€, Darmstädter Str. 9 (Südstadt), Haltestelle: Chlodwigplatz, Tel. 16912747, www.kartoeffelchen.de, geöffnet: Di.-Sa. 18-24 Uhr. Raffinierte Erdapfelvielfalt.

Brauhäuser

Zu einem Köln-Besuch gehört (mindestens) eine **Einkehr in einem Brauhaus**, sei es für eine kleine Pause oder zum Ausgehen am Abend. Möglich wäre auch eine thematisch passenden **Stadtführung** (Kölsch- bzw. Brauhaus-Stadtführung, www.brauhausfuehrungen.de, Tel. 3103385 bzw. www.brauhaus-touren-in-koeln.de, Tel. 02421 2582084). Im Altstadtareal, z. B. um den Alter Markt 11 und um den den Heumarkt 16 sowie in den Gassen des Martinsviertels (s. S. 72), bieten zahlreiche Bräuhäuser kölsche Kost und kölsche Stangen (s. S. 32). Hier eine Auswahl:

46 [I8] **Ausschank Max Päffgen Brauerei** €€, Heumarkt 62 (Altstadt), Haltestelle: Heumarkt, www.max-paeffgen.de, Tel. 2577765, geöffnet: Di.-So. 10.30-24 Uhr. Kunstvoll gearbeitete Holz-, Keramik- und Glasarbeiten zeigen Szenen der Kölschherstellung und des Karnevals, im Sommer zusätzliche Außentische am Ostermannplatz.

47 [H7] **Brauhaus Früh am Dom** €€, Am Hof 12–18 (Altstadt), Haltestelle: Dom/Hbf, Tel. 2613215, www.frueh.de, geöffnet: 8–24 Uhr. Das 1904 gegründete, riesige Brauhaus liegt am Heinzelmännchenbrunnen. Neben dem traditionellen Brauhaus und dem Brauhauskeller gibt es das moderne „HOF 18"-Restaurant und einen sommerlichen Biergarten.

48 [H7] **Brauhaus Gaffel am Dom** €€, Bahnhofsvorplatz 1 (Altstadt), Haltestelle: Dom/Hbf, Tel. 9139260, www.gaffelamdom.com, geöffnet: 11.30–24 Uhr. Typisch kölsches Brau- und Wirtshaus, im Sommer Biergarten auf dem Bahnhofsvorplatz. Highlights: 5- und 10-Liter-Holzfässer zum Selbstzapfen und eigene Bäckerei. Mit Gaffel-Shop.

49 [H7] **Brauhaus Sion** €€, Unter Taschenmacher 5–7 (Altstadt), Haltestelle: Dom/Hbf, Tel. 2578540, www.brauhaussion.de, geöffnet: 10.30–

071 kn Abb.: kk

Kölns Brauhäuser bieten gutbürgerliche, kölsche Kost

Kölsch essen

Original kölsche Kost wird vorrangig in Brauhäusern und Kölschkneipen serviert und die Deftigkeiten von der ***„Fooderkaat"*** *(Speisekarte) passen prima zu einem Glas Kölsch. Damit man weiß, auf was man sich einlässt, hier ein paar nützliche Begriffe „kulinarisches Kölsch":*

- ***Hämmchen met suure Kappes:*** *Hinterschinken mit Sauerkraut*
- ***Soorbrade:*** *Sauerbraten aus mariniertem Rindfleisch*
- ***Flönz/Blotwoosch:*** *Blutwurst*
- ***Flönz met Öllig:*** *Blutwurst mit Zwiebeln*
- ***Himmel un Äad:*** *„Himmel und Erde", Kartoffel-Apfelmus mit Blut- und Leberwurst sowie Zwiebelringen*
- ***Kölscher Kaviar:*** *mit Zwiebeln gebratene Blutwurst (gebratene Blutwurstkrümel sehen Kaviar ähnlich)*
- ***Röggelsche:*** *Roggenbrötchen*
- ***Halve Hahn:*** *Brötchen mit Butter und mittelaltem Gouda (nein, kein halbes Grillhähnchen)*
- ***Rievkooche:*** *„Reibekuchen", Kartoffelpuffer*
- ***Decke Bunne met Speck:*** *Dicke Bohnen mit Speck*
- ***Soore Fitschbunne met Rippcher:*** *sauer eingemachte Schnippelbohnen mit geräucherten Schweinerippchen*
- ***Ääze-, Bunne-, Linse-, Sorekappes-, Muschelezupp:*** *Erbsen-, Bohnen-, Linsen-, Sauerkraut-, Muschelsuppe (natürlich mit Essig)*

24 Uhr. Authentisches Traditionsbrauhaus (seit 1318) mit mehreren rustikalen Räumen. Schöne Braustube mit Deckenschmuck aus alten Fassdauben, außerdem Biergarten und Terrasse.

50 [H7] **Peters Brauhaus** €€, Mühlengasse 1 (Altstadt), Haltestelle: Dom/Hbf, Heumarkt oder Rathaus, Tel. 2573950, www.peters-brauhaus.de, geöffnet: 11–24 Uhr. Gediegen-stilvolle Einrichtung und gläserne Kuppel. Bereits seit 1780 gibt es hier ein Brauhaus. Kuriose Seltenheit: Kölsch in der Bügelflasche. Mit Brauhaus-Shop.

Mediterran

51 [F6] **Mesón El Cordobés** €€, Gladbacher Str. 11 (Belgisches Viertel), Haltestelle: Christophstr./Mediapark, Tel. 515506, www.meson-el-cordobes.de, geöffnet: Mo.–Sa. 18–24, So. 12–22 Uhr. Spanisches Restaurant mit großer Auswahl an Hauptgerichten und andalusischem Ambiente.

52 [F10] **Pane e Vino** €€, Eifelstr. 18 (Südstadt), Haltestelle: Eifelstr., Tel. 9311311, www.ristorante-paneevino.de, geöffnet: 11–15, 18–23 Uhr. Hausgemachte Pasta und Antipasti zu fairen Preisen, gemütlich bei Kerzenschein und Kaminfeuer.

53 [I11] **Rosticceria Massimo** €, Alteburger Str. 41 (Südstadt), Haltestelle: Chlodwigplatz, Tel. 3489601, www.ilbagutta.de, 17–24 Uhr. Italienische Speisen und italienisches Lebensgefühl im Spezialitäten-Imbissrestaurant.

54 [H8] **XII Apostel** €€, Heumarkt 68–72 (Altstadt), Haltestelle: Heumarkt, Tel. 25083020, www.xii-apostel.com, tägl. 6–24 Uhr. Klassisch-italienische Spezialitäten. Prächtige Gasträume mit Deckengemälden, Holzverkleidungen, goldfarbenem Stuck und knallrotem Samt. Außentische am Heumarkt und im begrünten Innenhof.

Asiatisch

› **Govardhan** (s. S. 29). Indisch-ayurvedisch-vegetarische Schnellgerichte.

55 [F9] **Kamasutra** €€, Weyerstr. 114 (Südstadt), Haltestelle: Barbarossaplatz, Tel. 34892828, www.kamasutra-koeln.de, geöffnet: Mo.–Fr. 12–15, 18–23, Sa./So. 17.30–23 Uhr. Indische Kost, die man vor sinnesanregenden Wandbildern aus dem namensgebenden Buch genießen kann.

56 [I7] **Nakhon Thai** €€, Am Bollwerk 15 (Altstadt), Haltestelle: Dom/Hbf oder Rathaus, Tel. 2580602, www.nakhonthai.de, geöffnet: 11.30–24 Uhr. Wegen der Rheinaussicht beliebtes thailändisches Restaurant mit Cocktailbar.

57 [H12] **Namdaemun** €€, Bonner Str. 75 (Südstadt), Haltestelle: Bonner Wall, Tel. 99200051, www.namdaemun.de, geöffnet: Di.–Fr. 18–22, Sa./So. 12–22 Uhr. Koreanisches Barbeque-Restaurant, Fleisch am tischeigenen Holzkohlegrill zubereiten und vom Büffet Suppe, Salat, Gemüse und Beilagen nach eigenen Wünschen wählen.

58 [E8] **Warung Bayu** €€, Brabanter Str. 5 (Belgisches Viertel), Haltestelle: Rudolfplatz, Tel. 5894366, www.warungbayu.de, geöffnet: Mo.–Fr. 12–15, Mo.–So. 18–23 Uhr. Die in diesem Lokal servierten indonesischen Speisen bieten vielfältige Geschmackserlebnisse. Mit gemütlicher Innenhofterrasse.

Amerikanisch

59 [E7] **Barrios** €€, Hohenzollernring 21–13 (Ring), Haltestelle: Rudolfplatz, Tel. 2572200, www.barrios-koeln.de, geöffnet: 10–2 Uhr. Kubanische Kost wie Enchiladas, Tapas oder Tortillas, pikante Fleisch- und Fischgerichte, Zigarren und Cocktails, abends Latinomusik und Partystimmung.

60 [H8] **Hard Rock Café** €€, Gürzenichstr. 8 (Altstadt), Haltestelle: Heumarkt oder Gürzenichstr., Tel. 2726880, www.hard

rock.com, geöffnet: 12–24 Uhr. Burger, Sandwiches, Steaks und *fusion food*. Großvideoleinwand, Livekonzerte und WLAN-Hotspot.

61 [E9] **La Pachamama** €€, Roonstr. 36 (Univiertel), Haltestelle: Zülpicher Platz, Dasselstr./Bf Süd oder Köln Süd, Tel. 244225, www.lapachamama.de, Mo.–Sa. 18–24 Uhr. Vielfältige peruanische Spezialitäten in landestypisch eingerichtetem Gastraum.

62 [F5] **Pantanal Rodizio** €€, Maybachstr. 22 (Mediapark), Haltestelle: Christophstr./Mediapark, Tel. 1301767, www.

EXTRATIPP

Außergewöhnliche Lokalitäten

63 [I8] **Haxenhaus zum Rheingarten** €€, Frankenwerft 19 (Altstadt), Haltestelle: Heumarkt oder Rathaus, Tel. 9472400, www.haxenhaus.de, geöffnet: So.–Do. 11.30–1, Fr./Sa. 11.30–3 Uhr. Wirtshaus mit Tradition und deftiger rheinisch-kölscher Kost: In einem historischen, im Krieg nicht zerstörten (!) Wirtshaus am Rheinufer. Zu wechselnden Terminen mittelalterliche Festtafel mit Geschichtenerzähler und Erlebnisgastronomie (reservieren).

64 [K7] **HoteLux – Restaurant** €€, Von-Sandt-Platz 10 (Deutz), Haltestelle: Bf Deutz/Kölnarena, Tel. 241136, www.hotelux-koeln.de, geöffnet: So.–Do. 17–22, Fr./Sa. ab 22 Uhr. Sovietlokal mit russischen Speisen und Wodka in detailverliebter, plüschig-samtig-roter Räumlichkeit im Stil der russischen Avantgarde der 1930er-Jahre, auch Bar sowie „Proletarierklub" mit Ostalgie-Veranstaltungen.

65 [C13] **unsicht-Bar** €€€, Luxemburger Str. 319a (Sülz), Haltestelle: Sülzgürtel, Tel. 4210102, www.unsicht-bar-koeln.de, Essenszeiten: Fr./Sa. um 18 und 20.30, Mi./Do./So. um 19 Uhr. Wie Essen in völliger Dunkelheit schmeckt, kann man beim 4-Gänge-Dinner im Dunkeln ausprobieren. Perfekte Bedienung durch blinde Kellner. Reservierung empfehlenswert.

Reminiszenz an revolutionäre Zeiten: das HoteLux

015kn Abb.: hl

EXTRATIPP

Lecker vegetarisch

- **Café Zikade** (s. S. 30). Vegetarisches Café am Chlodwigplatz.
- **Govardhan** (s. S. 29). Indisch-ayuvedische Speisen im Univiertel.

Dinner for one

- **Brauhaus Päffgen** (s. S. 94). Jemanden zum Plaudern zu finden, ist in diesem kölschen Brauhaus nicht schwer.
- **Namdaemun** (s. S. 26). Eventuelle Langeweile verfliegt beim Grillen am eigenen Tisch.

Für den späten Hunger

- **Planet Oriental** (s. S. 28). Bis lang nach Mitternacht geöffneter Schnellimbiss am Schnittpunkt zwischen Ring-Feiermeile und den Bars im Friesenviertel.
- **Tag- und Nachtcafé** (s. S. 29). Hilfe bei Magenknurren bis in die frühen Morgenstunden, zentral gelegen zwischen Ring-Klubs und Uni-Kneipenviertel.

Lokale mit guter Aussicht

- **Café Reichard** (s. S. 29). Traditionscafé mit Blick auf den Dom in seiner vollen Größe.
- **Osman**30 (s. S. 28). Ausblick auf die Stadt aus 108 m Höhe.

pantanal-rodizio.de, Mo.–Sa. 18–23, So. 12–23 Uhr. „All you can eat“ von Grillfleischspießen, brasilianisch zubereitet, Mi.–Sa. abends Sambashows.

Orientalisch

66 [F9] **Al Salam Orient Lounge & Esskultur** €€, Hohenstaufenring 22 (Ring), Haltestelle: Zülpicher Platz, Tel. 216713, www.alsalam.de, geöffnet: Di.–Fr. 11.30–1, Sa./So. 18–1 Uhr. 1001 Nacht auf zwei Etagen: Wasserpfeifen, Cocktails, leichte Köstlichkeiten in der Lounge oder arabische Kochkunst im Restaurant.

67 [H5] **Bosporus** €€, Weidengasse 36 (Nordstadt), Haltestelle: Hansaring, Tel. 125265, www.bosporus.de, geöffnet: Mo.–Sa. 12–24, So. 11–15 Uhr. Gehobene türkische Gastronomie mitten im kölschen „Türkenviertel“, Sonntagsbrunch, auch Außenterrasse.

68 [H11] **Kabul** €€, Elsaßstr. 32 (Südstadt), Haltestelle: Chlodwigplatz, Tel. 9311139, www.restaurant-kabul.de, geöffnet: Mo.–Sa. 18–22.30 Uhr. Afghanische Spezialitäten von scharf bis mild.

69 [F7] **Planet Oriental** €, Hohenzollernring 57 (Ring), Haltestelle: Friesenplatz, Tel. 252928, www.planet-oriental.de, geöffnet: 9–4 Uhr. Großes türkisch-orientalisches Imbissrestaurant mit langer Öffnungszeit. Döner, Kebap & Co. oder Vegetarisches, hausgemachtes Brot, sonntagabends türkische Livemusik.

Gourmetküche

70 [E9] **La Société** €€€, Kyffhäuserstr. 53 (Univiertel), Haltestelle: Dasselstr./Bf Süd oder Köln Süd, Tel. 232464, www.lasociete.info, tägl. 18.30–24 Uhr. Charmantes Feinschmeckerrestaurant mit kreativer französischer Kost und lockerer Atmosphäre.

71 [G5] **Le Moissonnier** €€€, Krefelder Str. 25 (Nordstadt), Haltestelle: Hansaring, Tel. 729479, www.lemoissonnier.de, geöffnet Di.–Sa. 12–15, 19–24 Uhr. Französisches Spitzenrestaurant mit raffinierter Kost und feinen Weinen, ungezwungene Atmosphäre im Jugendstilambiente.

72 [F5] **Osman**30 €€€, Kölnturm, Mediapark 8 (Mediapark), Haltestelle: Christophstr./Mediapark, Tel. 50052080, www.osman-cologne.de, geöffnet: Mo.–Sa. 18.30–23.30, So. 11–14 Uhr. Designrestaurant und Weinsalon mit großer Außenterrasse und imposantem Panoramablick in 108 Metern Höhe. Genussvolle und gesunde Dreigängemenüs, Sonntagsbrunch.

73 [I6] **WeinAmRhein** €€, Johannisstr. 64 (Nordstadt), Haltestelle: Breslauer Platz/ Hbf, Tel. 91248885, www.weinamrhein.eu, geöffnet: Di.–Fr. 12–14 und Di.–Sa. 18–22 Uhr. Feine, bodenständige, aber nicht alltägliche Gerichte zu besten Weinen, moderate Mittagspreise.

Weinlokale

74 [E7] **Sorgenfrei** €€, Antwerpener Str. 15 (Belgisches Viertel), Haltestelle: Friesenplatz, Tel. 3557327, www.sorgenfrei-koeln.com, geöffnet: Mo.–Fr. 12–15 und Mo.–Sa. 18-24 Uhr. Weinlokal mit guter Auswahl an europäischen Weinen, schnelle Mittagsküche.

75 [E9] **Weinstube Bacchus** €€, Rathenauplatz 17 (Univiertel), Haltestelle: Zülpicher Platz, Dasselstr./Bf Süd oder Köln Süd, www.weinstubebacchus.de, Tel. 217986, geöffnet: Mo.–Sa. 18–24 Uhr. Rustikale Weinstube, bietet saisonale und regionale Gerichte – mediterran beeinflusst – zu Weinen aus deutschen Anbaugebieten.

76 [H7] **Weinhaus Brungs** €€, Marsplatz 3–5 (Altstadt), Haltestelle: Heumarkt, Tel. 2581666, www.weinhaus-brungs.de, geöffnet: 12–24 Uhr. Deftige Kost und umfangreiche Weinkarte in wieder aufgebautem historischem Kaufmannshaus. Interessanter Gewölbekeller, schöne Altstadtterrasse.

Schnellküche

77 [G7] **Die Maultasche** €, Am Alten Posthof 8 (Innenstadt), Haltestelle: Neumarkt, Tel. 27096981, www.die-maultasche.de, Mo.–Sa. 11–21 Uhr. Feinkost-Bistro mit frischen Maultaschen, Wurstgerichten und weiteren schwäbischen Spezialitäten, dazu passende Weine. Ruheoase in der City.

78 [F9] **Govardhan** €, Roonstr. 3 (Univiertel), Haltestelle: Barbarossaplatz, Tel. 4928916, www.govardhan-restaurant.net, geöffnet: Mo.–Sa. 12–22 Uhr. Vegetarische indische Speisen, Snacks und wechselnde Mittagsmenüs nach ayurvedischer Tradition.

79 [E7] **Osho's Place** €, Venloer Str. 5–7 (Belgisches Viertel), Haltestelle: Friesenplatz, Tel. 8000581, www.oshos-place.de, geöffnet: So.–Do. 8–22.30, Fr./ Sa. 8–24 Uhr. Internationale vegetarische Gerichte und Biokost, Salattheke und Sonntagsbrunch-Büffet in Selbstbedienungsrestaurant mit Bar und Café. WLAN.

› **Planet Oriental** (s. S. 28). Orientalischer Imbiss mit langen Öffnungszeiten.

80 [F9] **Tag- und Nachtcafé** €, Hohenstaufenring 11 (Ring), Haltestelle: Zülpicher Platz, Tel. 245754, geöffnet: 7–5 Uhr. Unspektakulär, aber auch zu tiefster Nachtstunde warme Speisen.

Cafés

› **Alte Feuerwache** (s. S. 23). Café/Restaurant mit toller Innenhofterrasse im Agnesviertel.

81 [E7] **Brownies Coffee Culture,** Hohenzollernring 29 (Ring), Haltestelle: Rudolfplatz, www.brownies-coffee.de, Tel. 25085174, geöffnet: 9–24 Uhr. Hochwertige Kaffee- und Teespezialitäten sowie süße und herzhafte Speisen, günstiger Mittagstisch. WLAN-Hotspot.

82 [E9] **Café Feynsinn,** Rathenauplatz 7 (Univiertel), Haltestelle: Zülpicher Platz, Dasselstr./Bf Süd oder Köln Süd, Tel. 2409210, www.cafe-feynsinn.de, geöffnet Mo.–Fr. 9–1, Sa./So. 10–1 Uhr. Stilvoll-gemütliches Café, kreative südländische Küche und Biokost, üppiges Frühstück – auch nachmittags – und Bar. Strandkörbe, DJ-Sound.

83 [H7] **Café Reichard,** Unter Fettenhennen 11 (Altstadt), Haltestelle: Dom/Hbf, Tel. 2578542, www.cafe-reichard.de, geöffnet: 8.30–20 Uhr. Gegenüber dem Dom gelegenes Traditionshaus mit Glas-

pavillon und großer Außenterrasse, auch Teesalon und Restaurant.

84 [H11] **Café Zikade,** Kurfürstenstr. 2a (Südstadt), Haltestelle: Chlodwigplatz, Tel. 311591, www.cafezikade.de, geöffnet: Mo.–Fr. 8.30–20, Sa. 8.30–19 Uhr. Kleines buntes, (fast) vegetarisches Café, leckere Salatkreationen.

85 [D5] **La Galana Zigarrensalon,** Venloer Str. 213–215 (Ehrenfeld), Haltestelle: Piusstr., Tel. 8000923, www.lagalana.de, geöffnet: Mo.–Sa. 12–20 Uhr. Zigarrenmanufaktur mit nostalgischem Ladenlokal und gemütlichem Zigarrensalon im Alt-Havanna-Stil. Hier kann man La-Galana-Zigarren zu kubanischem Kaffee degustieren und kubanischen Zigarrendreherinnen bei der Arbeit zusehen. Auch Zigarrenseminare und -events.

Smoker's Guide

In Köln gilt das **nordrhein-westfälische Nichtraucherschutzgesetz** – es betrifft sowohl Zigaretten als auch Zigarren, Wasserpfeifen und elektronische Zigaretten. In Bussen und Bahnen, auf Kinderspielplätzen und in geschlossenen Räumen von öffentlichen Gebäuden, Kinos, Theaterhallen, Konzertsälen, Vereinsheimen, Internetcafés, Krankenhäusern, Pflegeheimen, Erziehungs- und Bildungsstätten, Museen, Sportstätten, Flughäfen, Einkaufszentren gilt ein **generelles Rauchverbot**. Mitunter sind deutlich gekennzeichnete Raucherräume eingerichtet. In Gaststätten gilt ebenso das Rauchverbot. Auch in Festzelten oder auf öffentlichen Feiern oder Veranstaltungen, die in geschlossenen Räumen stattfinden, ist Rauchen untersagt. Die meisten **Hotels** stellen Raucherzimmer zur Verfügung.

Raucher willkommen

› **La Galana Zigarrensalon** (s. S. 30). Zigarrenmanufaktur mit Zigarrensalon und Ladenlokal.

› **Barrios** (s. S. 26). Kubanische Cohibas und Latinoflair.

Biergärten

86 [I10] **Bay – Biergarten am Yachthafen,** Harry-Blum-Platz 1 (Rheinauhafen), Haltestelle: Ubierring, Tel. 5462844, www.bay-cologne.de, geöffnet nur in den Sommermonaten Mo.–Fr. 17–1, Sa./So. 11–1 Uhr. Direkt am Rheinufer gelegener Biergarten mit Hafenboot-Restaurant, abends Open-Air-Kino, KurzKunst oder Musik.

87 [D8] **Biergarten am Aachener Weiher,** Aachner Str. (Grüngürtel), Haltestelle: Moltkestr., www.biergarten-aachenerweiher.de, Tel. 5000614, geöffnet: 11–24 Uhr (ganzjährig). Fast noch mitten in der Stadt bieten Grüngürtel und Weiher eine schöne Kulisse. Gemütlicher Biergarten, Sport-Liveübertragungen, Kulturprogramme.

88 [J6] **Biergarten der Rheinterrassen,** Rheinparkweg 1 (Deutz), Haltestelle: Messe/Deutz, Bf Deutz/Messe oder Im Rheinpark, Tel. 65004321, www.rheinterrassen.de, geöffnet: Mo.–Sa. 18–1, So. 12–17 Uhr. Biergarten, Restaurant und Veranstaltungslokal im Rheinpark mit Bilderbuchblick auf Köln und den Dom. Biergarten nur im Sommer geöffnet, Restaurant im Winter Mo./So. geschlossen, WLAN.

› **Maybach** (s. S. 23). Biergartenterrasse am Rand des Mediaparks.

› **Odonien** (s. S. 41). Selbsternannter Freistaat für Kunst und Kultur mit Sommerbiergarten.

89 [E6] **Stadtgarten,** Venloer Str. 40 (Belgisches Viertel), Haltestelle: Hans-Böckler-Platz/Bf West, Tel. 9529940, www.stadtgarten.de, geöffnet: 12-24 Uhr, wetterabhängig teilweise andere Öffnungszeiten, ganzjährig. Beliebte Szenelokalität, Café/Restaurant, Konzertsaal und Topadresse für Jazz. Party und Tanz im Studio 672, Biergarten unter alten Bäumen, mit WLAN.

› Etliche weitere Biergärten (bzw. Cafés und Restaurants mit Außengastronomie) finden sich in der **Altstadt** – vor allem am Rheinufer des Martinsviertels (s. S. 72) – und am **Rheinauhafen** 51. Auch die meisten kölschen **Brauhäuser** (s. S. 24) bieten Außenbereiche oder Innenhöfe.

Beachklubs

90 [J6] **Km 689 Cologne Beach Club,** Rheinparkweg 1 (Deutz), Haltestelle: Messe/Deutz, Bf Deutz/Messe oder Im Rheinpark, Tel. 6500430, www.km689.de, geöffnet: nur in den Sommermonaten Mo.–Do. 16–24, Fr./Sa. 12–24 Uhr. Beliebter Beachklub am Rheinufer vis-à-vis der Altstadt – Sonnenbaden und Chillen mit Bilderbuchblick.

91 [G8] **Sonnenscheintage,** Cäcilienstr. 32 (Innenstadt), Haltestelle: Neumarkt, www.skybeach.de, geöffnet: nur in den Sommermonaten Mo.–Fr. 15–24, Sa./So. 13–24 Uhr. Das Parkhausdach bietet tonnenweise Sand, Cocktails, Sonnenschirme, Liegestühle, Strandkörbe, DJ-Sound, WLAN und Cityblick.

Köln am Abend

Kölns Nachtleben ist vielfältig und bietet Kneipen, Klubs, Bars, Konzerthallen, Jazzkeller, Kleinkunst- und Trash-Läden aller Couleur.

Außer in Stadtmagazinen und Tageszeitungen (s. S. 117) findet man auch auf den folgenden Websites aktuelle **Ausgehtipps:**

› www.koeln.de
› www.koeln.prinz.de
› www.theaterszene-koeln.de

016kn Abb.: kk

Alles Kölsch: Kölschstangen, Kölschkranz und Kölschfass

Grob kann man sich an folgenden Vierteln und ihrem Angebot orientieren: In der **Altstadt** bewegen sich überwiegend Touristen. Die Brauhausdichte ist hier besonders hoch, doch es gibt auch andere Lokale. Am **Kölner Ring** (s. S. 91) feiert und tanzt jüngeres Szene- und Umlandpublikum. **Belgisches Viertel** 33 und **Friesenviertel** 31 sprechen anspruchsvolles Publikum an. Im Kneipenteil des **Univiertels** 35 trifft sich vornehmlich die Studentenschaft und um den Zülpicher Platz [F9], in der Zülpicher Str. und der Kyffhäuser Str., liegen Kneipen und Bars dicht an dicht. In der **Südstadt** (s. S. 103), der **Nordstadt** (s. S. 97) und in **Ehrenfeld** amüsieren sich überwiegend Anwohner. Schwule fühlen sich im **Bermudadreieck** wohl (s. S. 123).

Kölsch trinken

Kölsch ist das „Nationalgetränk" der Domstadt. *Das erfrischend-spritzige Gebräu ist ein Garant für schnelle Bekanntschaften, denn in Brauhäusern (s. S. 24) und kölschen Kneipen lautet das Motto: „Drink doch ejne met!"*

Der 1986 beschlossenen Kölsch-Konvention des Kölner Brauerei-Verbandes (www.koelner-brauerei-verband.de) entsprechend wird Kölsch ***nach dem Deutschen Reinheitsgebot*** *gebraut und darf zudem nur in Brauereien Kölns und des benachbarten Umlandes gebraut werden. Kölsch ist ein* ***helles, obergäriges Vollbier.*** *Es gibt über zwei Dutzend Marken und Kölsch ist immer „nur" Kölsch, sonst nichts - Premium, Ur und Original sind fehl am Platze.*

Traditionsgemäß trifft man sich zum Kölsch in einem ***Brauhaus,*** *wo die kölsche Lebensart regiert: Hier wird am liebsten frisch vom Fass getrunken, viel „verzällt" (erzählt) und es werden deftige, gutbürgerliche Speisen angeboten.*

In Brauhäusern und Bierkneipen wird das Kölsch von ganz besonderem Servicepersonal an den Mann (und die Frau!) gebracht. Ein ***Köbes*** *- die kölsche Übersetzung für Jakob - ist das leibhaftige Aushängeschild jedes Traditionshauses. In Köln ist der Köbes König! Er ist eine Autorität, aber sein Service kann durchaus nonkonform sein. Duzen ist gang und gäbe, ein waschechter Köbes möchte nicht mit „Herr Ober" angesprochen werden. Typische Kennzeichen: Meister im Schwenken des* ***Kölschkranzes*** *(für die schlanken Kölschgläser maßgeschneidertes Serviertablett), stets darum bemüht, Nachschub auf den Tisch zu stellen (insbesondere unaufgefordert; als Zeichen, dass bitte Schluss sein soll, Bierdeckel auf das Glas legen), und immer einen lockeren Spruch auf den Lippen. Köbes sein ist eine Lebensphilosophie, Köbes werden kann man nicht als Lehrberuf.*

Biergläser heißen in Köln ***Stangen.*** *Sie sind schlank, fassen lediglich 0,2 Liter Inhalt und irritieren vor allem Bayern. Eine normale Stange hat einen Durchmesser von fünf und eine Höhe von fünfzehn Zentimetern. In manchen Touristenfallen, insbesondere in der Altstadt, finden sich ganz und gar unkölsche 0,33-Liter-Gläser.*

Brauereibesichtigung:

95 ***Sünner Keller,*** *Kalker Hauptstr. 260–262 (Kalk), Haltestelle: Kalk Kapelle, www.suenner-keller.de, Tel. 98557400, Do.-Sa. 16.30 und 18 Uhr, 9,80 Euro*

Kneipen, Bars

92 [H1] **Basil's,** Bülowstr. 21 (Nippes), Haltestelle: Florastraße, Tel. 7601510, www.basils.de, Mo.–Fr. 17–1, Sa./So. 12–1 Uhr. Veedelskneipe, Bar, Café, Biergarten. Do., Fr. Sa. DJ-Musik oder kleine Kneipenkonzerte.

93 [I7] **Die Ex-Vertretung,** Frankenwerft 31–33 (Altstadt), Haltestelle: Heumarkt oder Rathaus, Tel. 66990221, www.ex-vertretung.de, 11–24 Uhr. Polit-Kultkneipe mit vielgelobter Kost und schönem Biergarten am Rhein.

94 [H7] **Die Kunstbar,** Chargesheimer Platz 1 (Altstadt), Haltestelle: Dom/Hbf, Tel. 0172 5279845, www.diekunstbar.

de, geöffnet: 20–3 Uhr. Alljährlich von einem anderen renommierten Künstler neu gestaltete Bar, unverfehlbare Lage gegenüber vom Haupteingang des Hauptbahnhofs.

96 [E8] **Die Wohngemeinschaft,** Richard-Wagner-Str. 39 (Belgisches Viertel), Haltestelle: Rudolfplatz oder Moltkestr., Tel. 39760905, www.die-wohngemeinschaft.net, geöffnet: tägl. ab 15 Uhr. Café-Bar im Stil einer urbanen WG mit vier Bewohnerzimmern, Thekenküche, Wohnzimmerbereich und Terrasse, auch Musik- oder Kulturveranstaltungen. Im Obergeschoss originelles Hostel.

› **Hard Rock Café** (s. S. 26). Amerikanische Rock-Kneipe.

97 [E9] **HoteLux – KGB Bar,** Rathenauplatz 22 (Univiertel), Haltestelle: Zülpicher Platz, Dasselstr./Bf Süd oder Köln Süd, Tel. 241136, www.hotelux.de, geöffnet: 20–2 Uhr. Nastrovje! Beliebte Wodka-, Cocktail- und Zigarrenbar mit speziellem Soviet-Charme.

98 [F7] **Jameson Distillery Pub,** Friesenstr. 30–40 (Friesenviertel), Haltestelle: Friesenplatz, www.jamesonpubs.com, Tel. 9123323, geöffnet: 12-1 Uhr. Guinness, Kilkenny, Stew, 40 Sorten Single Malt plus Jameson Whiskey, Barbeque, Irish Folk, Britpop, häufig Konzerte, Karaoke und Sportübertragungen, im Sommer mit Außentischen, WLAN-Hotspot.

99 [I11] **Ubierschänke,** Ubierring 19 (Ring), Haltestelle: Ubierring, Tel. 321382, www.ubierschaenke-koeln.de, geöffnet: 11–2 Uhr. Die Eckkneipe ist ein Südstadt-Urgestein. Es wird Böll-Bier serviert. Urig und unrenoviert.

Klubs, Discos

100 [F6] **Diamonds Club,** Hohenzollernring 90 (Ring), Haltestelle: Friesenplatz, www.club-diamonds.de, Tel. 1608620, geöffnet: Do.–Sa. und vor Feiertagen 22–5 Uhr. Große, populäre Mainstream-Klubdisco mit zwei Bars, Loungebereiche und Tanzflächen. Zahlreiche Partys und Konzerte.

101 [E7] **Ivory,** Limburger Str. 12 (Belgisches Viertel), Haltestelle: Friesenplatz, Tel. 2774888, www.ivorylounge.de, geöffnet: Fr., Sa. und vor Feiertagen ab 22 Uhr. Kleiner Klub aus dem exklusiven Kreis der „World's finest Clubs" mit bunt gemischtem Publikum, Fr. Ladies Night.

102 [H5] **King Georg,** Sudermanstr. 2 (Agnesviertel), Haltestelle: Ebertplatz, Tel. 0177 7495576, www.kinggeorg.de, geöffnet: Do. 22–3, Fr./Sa. 22–5 Uhr, bei Veranstaltungen ab 20 Uhr. Klubbar

EXTRATIPP

Kult-Musikkneipen am Alter Markt

Mitten in der Altstadt, am Alter Markt, hat der Tausendsassa „Papa Joe" zwei urig-originelle Musikkneipen aufgebaut. Hier ist es meist voll, am freien Eintritt liegt das jedoch nur zu einem kleinen Teil, denn die Stimmung ist schlicht unschlagbar (www.papajoes.de).

103 [H7] **Papa Joe's Biersalon Klimperkasten,** Alter Markt 50–52 (Altstadt), Tel. 2582132, geöffnet: 11–3 Uhr. Original-originelle Kultkneipe im Stil der 1920er-Jahre. Fast allabendlich Piano-Livemusik, auch Konzerte und Kleinkunst, einzigartige Sammlung an historischen Kinoautomaten („Mutoscopen"), Illusions- und Sportautomaten sowie selbstspielenden Musikinstrumenten (inklusive Tünnes und Schäl als musizierende „Puppen-Pneuphoniker"), die stündlich spielen, Brauhauskost und Außenterrasse.

104 [I7] **Papa Joe's Jazz-Lokal Em Streckstrump,** Buttermarkt 37 (Altstadt), Tel. 2577931, 20–3 Uhr. In Deutschlands ältestem Jazzlokal gibt es jeden Abend Livejazz namhafter Größen.

mit House-, Disco- und Themenabenden, Konzerte, auch hauseigene Appartmentzimmer zum Übernachten.

105 [G4] **Nachtschicht,** Gladbacher Wall 5 (Nordstadt), Haltestelle: Hansaring, www.nachtschicht-cologne.de, Tel. 1206377, geöffnet: Fr./Sa.und vor Feiertagen 22–5 Uhr. Tanzfreudiges Publikum, gemischte Musik, wechselndes Partyprogramm, viel Platz – aber keine Hallenatmosphäre – in Backsteinbau unter Stuck und Kronleuchtern.

106 [F6] **Petit Prince,** Hohenzollernring 90 (Ring), Haltestelle: Friesenplatz, Tel. 122249, www.petitprince.de, geöffnet: Mi.–So. 22–3 Uhr. One-World-Kellerklub mit Reggae, Dancehall, Hip-Hop, Black Music, Latin, Salsa, Merengue etc.

107 [E8] **Reineke Fuchs,** Aachener Str. 50 (Belgisches Viertel), Haltestelle: Rudolfplatz oder Moltkestr., Tel. 0178 3484942, www.reineke-fuchs.com, Do.–Sa. 23–5 Uhr. Kein Mainstream, sondern Electro-, Techno- und Independentsounds oder Livemusik in einem kleinen, schicken Klub.

108 [K15] **Rhein-Roxy Partyschiff,** Heinrich-Lübke-Ufer (Rodenkirchen), Haltestelle: Heinrich-Lübke-Ufer, Tel. 395607, www.rhein-roxy.de. Das Schiff liegt im Stadtteil Rodenkirchen am Heinrich-Lübke-Ufer vor Anker und lädt jeden Fr./Sa. sowie vor Feiertagen von 21 bis 5 Uhr zur Open-Air-Disco ein, zudem wechselnde Events.

109 [H11] **Tsunami Club,** Im Ferkulum 9 (Severinsviertel), Haltestelle: Chlodwigplatz, Tel. 8016334, www.tsunami-club.de, Mi.–Sa. Party ab 23 Uhr, Konzerte ab 20 Uhr. Hier brummen die Partys (keine Charts) – Vinyl oder DJ-Sounds, Livemusik, Auftritte von Kölner Newcomerbands.

› Wechselnde Party-/Diskoabende bieten auch die Musikklubs **Gebäude 9** und **MTC** (s. S. 34) sowie das **Gloria** (s. S. 36).

Musik, Konzerte

› **Dommusik,** www.koelner-dommusik.de, Tel. 9401810. Sowohl Schul- als auch Domchöre und streng genommen auch Orgel und Glocken der Hohen Domkirche präsentieren zu wechselnden Terminen (meist abendliche) Konzerte im Dom **1**.

110 [L5] **Gebäude 9,** Deutz-Mülheimer Str. 127–129 (Deutz), Haltestelle: Kölnmesse, www.gebaeude9.de, Tel. 814637. Konzerte, Clubbing und Kino in einem verlassenen Industriehallenkomplex.

› **Gloria** (s. S. 36). Bunt gemischte Konzerte und Partys am Neumarkt.

› **Kunst-Station St. Peter** (s. S. 40). Kirche, die offen für Kultur ist. Mit Orgelkonzerten, zeitgenössischer Kammermusik, Improvisationen.

111 [L7] **LANXESS arena,** Willy-Brandt-Platz 3 (Deutz), Haltestelle: Bf Deutz/LANXESS arena oder Bf Deutz/Messe oder Deutz-Kalker Bad, Tickets unter Tel. 8020, www.lanxess-arena.de. Konzerte und Großveranstaltungen in Deutz.

112 [E9] **MTC,** Zülpicher Str. 10 (Univiertel), Haltestelle: Zülpicher Platz, Tel. 2404188, www.mtcclub.de. Verwinkelter Konzert- und Partykeller im Studentenviertel.

113 [I6] **Musical Dome,** Goldgasse 1 (Nordstadt), Haltestelle: Breslauer Platz/Hbf, Tel. 01805 2001, www.mehr.de. Der Dome liegt mit unübersehbarer blauer Kuppel hinter dem Hauptbahnhof. Es sind wechselnde Musicals zu sehen.

114 [H7] **Musikfabrik im WDR,** Wallrafplatz (Altstadt), Haltestelle: Dom/Hbf, Tel. 719471940, www.musikfabrik.org. Ein internationales Orchesterensemble realisiert unbekannte, auch eigene Kompositionen. Wechselnde Gastmusiker, häufig Aufführungen im WDR-Funkhaus am Wallrafplatz, aber auch anderswo.

115 [G7] **Oper Köln,** Offenbachplatz (Innenstadt), Haltestelle: Appellhof-

platz, Tel. 22128256 (Zentrale), Tel. 22128460 (Spielplan), Tel. 22128400 (Karten), www.operkoeln.com. Städtisches Opernhaus mit breitem Spektrum an Opern, Operetten, Konzerten, Ballettaufführungen und Kinderopern. Wegen Umbauarbeiten finden Aufführungen vorübergehend in anderen Spielstätten statt.

116 **Palladium,** Schanzenstr. 40 (Mülheim), Haltestelle: Keupstr., Tel. 96790, www.palladium-koeln.de. Konzerte namhafter Größen in einer ausgedienten Industriehalle mit Platz für 4000 Zuschauer.

117 [I7] **Philharmonie,** Bischofsgartenstr. 1 (Altstadt), Haltestelle: Dom/Hbf, www.koelner-philharmonie.de, Tel. 204080. Die quasi im Untergrund neben Dom und Museum Ludwig gelegene, akustisch ausgefeilte Philharmonie bietet eine Vielzahl exzellenter Aufführungen klassischer Musik. Auch Musicals, Weltmusik und Tanzvorstellungen.

Die moderne Philharmonie besticht mit einer nahezu perfekten Raumakustik

118 **RheinEnergieStadion,** Aachener Str. 999 (Müngersdorf), Haltestelle: Rheinenergie-Stadion, Tel. 71616150, www.koelnersportstaetten.de. Großkonzerte im Stadion, ca. 50.000 überdachte Plätze.

› **Stadtgarten** (s. S. 30). Hochkarätige Jazzkonzerte im Belgischen Viertel.

› **Tanzbrunnen** (s. S. 36). Open-Air-Veranstaltungslocation am Deutzer Rheinufer.

› **Gloria** (s. S. 36). Wechselnde Konzerte.

Theater, Kleinkunst, Kabarett

119 [E9] **Atelier Theater,** Roonstr. 78 (Univiertel), Haltestelle: Zülpicher Platz, Tel. 241341, www.ateliertheater.de. Kleinkunst und Kabarett, beliebt ist die Reihe „Gratis – und nicht umsonst" mit Stand-up Comedians, Improvisationskünstlern, Komikern und politisch Unkorrekten.

120 [H11] **Comedia,** Vondelstr. 4–8 (Südstadt), Haltestelle: Chlodwigplatz oder Ulrepforte, Tel. 88877222, www.comedia-koeln.de. In einer alten Feuerwache gibt es vorrangig Kabarett und Comedy mit langer Tradition und viel Prominenz, auch Kinder- und Jugendtheater.

EXTRATIPP

Kölsches Puppentheater

128 [I8] **Hänneschen Theater,** Eisenmarkt 2–4 (Altstadt), Haltestelle: Heumarkt, Tel. 2581201, www.haenneschen.de. „Sid ihr all do?“, heißt es traditionsgemäß in diesem ältesten ortsgebundenen Puppentheater Deutschlands (Gründung 1802, seit 1938 im Haus am Eisenmarkt). Die Besonderheit: Alle Dialoge sind auf Kölsch, die Akteure der „Knollendorfer Sippschaft“ sind Stockpuppen. Auch dabei: Hänneschen und Bärbelchen sowie Tünnes und Schäl (s. S. 74). Die Stücke für Kinder und Erwachsene sind sehr beliebt und oft ausverkauft.

121 [H12] **Freies Werkstatt Theater,** Zugweg 10 (Südstadt), Haltestelle: Chlodwigplatz, Tel. 327817, www.fwt-koeln.de. Freies Theater mit Altentheater-Ensemble, dessen Mitglieder 64 bis 93 Jahre alt sind. Eigenproduktionen und Bühnenwerke für Kinder, Jugendliche und Erwachsene.

122 [F7] **Gloria,** Apostelnstr. 11 (Innenstadt), Haltestelle: Neumarkt, Tel. 660630, www.gloria-theater.com. City-Theater mit Kleinkunst, Improvisation, Comedy, Lesungen, Konzerten, auch Café, am Wochenende Partyklub.

› **Hänneschen Theater** (s. S. 36). Kölsch-hintersinnige Stockpuppen.

› **Linus-Talentprobe,** Tel. 8212121, www.linus-talentprobe.de. Bühnenshow am Tanzbrunnen, in der Ausbuhen ausdrücklich erlaubt ist.

› **Mittelblond** (s. S. 124) Kulturkneipe mit schwul-schrägen Theateraufführungen.

123 [G8] **Schauspiel Köln,** Offenbachplatz (Innenstadt), Haltestelle: Appellhofplatz, Tel. 22128460 (Spielplan), Tel. 22128400 (Karten), www.schauspielkoeln.de. Bis zur Fertigstellung eines neuen Schauspielhauses Ende 2015 am Offenbachplatz werden Ur- und Erstaufführungen sowie bekannte Werke an verschiedenen Stätten aufgeführt.

124 [H7] **Senftöpfchen,** Große Neugasse 2–4 (Altstadt), Haltestelle: Dom/Hbf, Tel. 2581058, www.senftoepfchen-theater.de. Namhafte Kabarettisten, auch Theater, Kleinkunst und Musik.

•125 [J6] **Tanzbrunnen,** Rheinparkweg 1 (Deutz), Haltestelle: Messe/Deutz, Tel. 8212121, www.koelnkongress.de. Open-Air-Bühne am Rheinufer mit wechselnden Show-, Theater- und Konzertveranstaltungen.

126 [E8] **Volkstheater Millowitsch,** Aachener Str. 5 (Innenstadt), Haltestelle: Rudolfplatz, www.millowitsch.de, Tel. 2727370. Ganz nach alter Familientradition gibt es seit 1846 lebensnahes Volkstheater mit viel zum Lachen, aber auch Konzerte kölscher Bands.

Köln für Kunst- und Museumsfreunde

Köln ist eine Stadt der Kunst und Kultur. Museen bieten vielfältige Ausstellungen, Kulturräume geben Einblick in verschiedenartige Kunstformen und Galerien stellen Werke aller Sparten aus.

Museen

127 [I9] **Deutsches Sport- und Olympia-Museum,** Im Zollhafen 1 (Altstadt), Haltestelle: Heumarkt, Tel. 336090, www.sportmuseum.de, geöffnet: Di.–Fr. 10–18, Sa./So. 11–19 Uhr, Eintritt: 6 €. In einer denkmalgeschützten ehemaligen Lagerhalle am Rhein dreht sich alles um den Sport von der Antike an.

EXTRATIPP

Tipps für Museumsbesucher

Montags haben die meisten Museen und viele Galerien **geschlossen** und an **Feiertagen** gelten z. T. andere Öffnungszeiten als die unten genannten.

Der **städtische Museumsdienst,** der alle städtischen Museen betreut, bietet eine Vielzahl an (teilweise kostenlosen) Führungen und Veranstaltungen, Fortbildungen und Workshops, Berichten und Publikationen an.

Mit der **Museumscard** der städtischen Museen kann man an zwei aufeinanderfolgenden Öffnungstagen (auch So.und Di.) verschiedene Museen und Sonderausstellungen erkunden und die öffentlichen Verkehrsmittel zwischen den Museen gratis nutzen (Preis: 18 €, Familien 30 €). Jeden ersten Donnerstag im Monat gilt freier Eintritt für alle **Einwohner Kölns** (Eintritt mit Personalausweis).

Die **KölnCard** (s. S. 116) gewährt u. a. freien oder ermäßigten Eintritt in zahlreiche Museen und „freie Fahrt" in Bahnen und Bussen.

› **Museumsdienst Köln,** Tel. 22124033, www.museenkoeln.de/museumsdienst
› **Internetseite** zur Kunst- und Kulturszene: www.koeln-art.de

⑮ [H7] **Duftmuseum im Farina-Haus.** In der ältesten Parfümfabrik der Welt erfährt man bei den stündlichen Führungen alles über die Erfolgsgeschichte des Original Eau de Cologne.

M 129 [G8] **Geldgeschichtliches Museum,** Neumarkt 18–24 (Innenstadt), Tel. 2272370, www.geldgeschichte.de, geöffnet: Mo.–Fr. 9–18.30, Sa. 10–14 Uhr, Eintritt: frei. Auf den Spuren der Geldgeschichte in der Kassenhalle der Kreissparkasse Köln: Ausstellung mit Münzen, Papiergeld, Schatzfunde, Münzprägegeräte, Aktien und Wertpapiere sowie Spardosen und Zahlungsmittel fremder Völker von frühester Zeit an.

M 130 [I9] **Historische Senfmühle Anno 1810, Kölner Senfmuseum,** Holzmarkt 79–83 (Altstadt), Haltestelle: Heumarkt, Tel. 20532340, www.senfmuehle-koeln.de, geöffnet: Mo.–Fr. 10–18, Sa./So. 11–19 Uhr. In einer der ältesten Senfmühlen Europas – von anno 1810 – werden nach Rezepten aus dem 15. und 18. Jahrhundert Gourmet-Senfsorten hergestellt. Im Rahmen der täglichen Führungen kann man beim Kaltmahlverfahren zusehen (zwischen 12 und 16 Uhr zu jeder vollen Stunde, 2,50 €).

M 131 [G8] **Käthe-Kollwitz-Museum,** Neumarkt 18–24, www.kollwitz.de, Tel. 2272899, geöffnet Di.–Fr. 10–18, Sa./So. 11–18 Uhr, Eintritt: 4 €. Das Museum birgt rund 300 Zeichnungen, 500 Druckgrafiken sowie alle Bronzeskulpturen und Plakate der wegen ihres sozialkritischen Engagements berühmten, 1945 verstorbenen Expressionistin Käthe Kollwitz. Ihr Schaffen richtet sich gegen den Krieg und setzt sich ein für Frieden und Gerechtigkeit. Auch mit den Themen Tod und Armut, Liebe und Mutterglück findet eine Auseinandersetzung statt.

M 132 Kölner Karnevalsmuseum, Maarweg 134–136 (Braunsfeld), Haltestelle: Maarweg, www.koelnerkarneval.de/museum, Tel. 5740076, geöffnet: Do. 10–17, Sa./So. 11–17 Uhr, Eintritt: 6 €. In einer Halle kann man sich – auch wenn keine närrische Zeit ist – ein Bild

Museen, die mit einer magentafarbenen Nummer (⑮) als Hauptsehenswürdigkeit ausgewiesen sind, werden im Kapitel „Köln entdecken" ausführlich beschrieben. Dort finden sich auch alle praktischen Informationen wie Adresse, Öffnungszeiten usw.

Köln für Kunst- und Museumsfreunde

von Prunk- und Festwagen, Großfiguren und Kostümen verschaffen.

24 [G7] **Kölnisches Stadtmuseum.** Kölner Stadtgeschichte vom Mittelalter bis in die Gegenwart.

27 [H7] **Kolumba – Kunstmuseum des Erzbistums Köln.** Zweitausend Jahre abendländischer Kunstgeschichte in architektonisch markantem Gebäude.

133 [H7] **Museum der Puppengeschichte, Puppenklinik und Sammlerspielzeug,** Unter Goldschmied 3 (Altstadt), Haltestelle: Heumarkt oder Rathaus, Tel. 254642, www.puppenklinik-koeln.de, geöffnet: Mo.–Fr. 10–19, Sa. 10–20 Uhr, Eintritt: frei, Führung nach Anmeldung 8 €. Liebevoll arrangierte private Sammlung unterschiedlichster Puppen, Teddys, Puppenhäuser sowie Puppenklinik. Interessante Werkstätten.

072kn Abb.: kk

29 [H7] **Museum für Angewandte Kunst.** Europäisches Kunsthandwerk vom Mittelalter bis zur Gegenwart.

134 [D8] **Museum für Ostasiatische Kunst,** Universitätsstr. 100 (Univiertel), Haltestelle: Universitätsstr., Tel. 22128608, www.museenkoeln.de/museum-fuer-ostasiatische-kunst, geöffnet: Di.–So. 11–17, jeden ersten Do. im Monat 11–22 Uhr, Eintritt: 9 €. Kunst und Kunstgewerbe mehrerer Jahrhunderte aus China, Japan und Korea.

5 [H7] **Museum Ludwig.** Kunst des 20. Jahrhunderts und der Gegenwart.

23 [G8] **Museum Schnütgen.** Ruhmreiche Schatz- und Sakralkunst des Mittelalters in der romanischen Kirche St. Cäcilien.

25 [G7] **NS-Dokumentationszentrum im EL-DE-Haus.** Informationen über die Zeit des Nationalsozialismus in Köln.

22 [G8] **Rautenstrauch-Joest-Museum, Kulturen der Welt und JuniorMuseum.** Innovatives Völkerkundemuseum, das sich Kulturen außerhalb Europas widmet. Auch das Leben von Kindern wird thematisiert.

4 [H7] **Römisch-Germanisches Museum.** Zahlreiche Funde aus der Frühzeit der Stadtbesiedlung.

13 [H7] **Römischer Statthalterpalast und Abwasserkanal.** Unterirdische Relikte der Römerzeit.

› **Schatzkammer des Doms** 1. Kostbare Reliquien, liturgische Geräte und Gewänder sowie Insignien von Erzbischöfen und Domgeistlichen ab dem 4. Jahrhundert, auch mittelalterliche Skulpturen und fränkische Grabfunde.

17 [I9] **Schokoladenmuseum.** Hier dreht sich alles um Schokolade.

135 **Straßenbahn-Museum,** Gemarkenstr. 173 (Dellbrück), Haltestelle: Thielenbruch, Tel. 2834771, www.hsk-

Antike Relikte am Römisch-Germanischen Museum 4

koeln.de, geöffnet: März bis Dez. jeden 2. So. im Monat 11–17 Uhr, Eintritt: 1,50 €. Historische Schienenfahrzeuge ab 1894, Uniformen, Fahrkarten, Fahrpläne, Modelle und Fotos dokumentieren die Entwicklung des Öffentlichen Personennahverkehrs.

14 [H8] **Wallraf-Richartz-Museum & Fondation Corboud.** 700 Jahre junge abendländische Kunst in modernem Ambiente.

Kunst- und Kulturräume

136 [H4] **artclub,** Melchiorstr. 14 (Agnesviertel), Haltestelle: Ebertplatz, Tel. 6804737, www.artclub-galerie.de, geöffnet: Mo.–So. 15–20 Uhr. Künstlerklub, Veranstaltungsraum, Galerie. In Einzel- oder Gemeinschaftsausstellungen präsentieren rund 100 Künstler einen querschnitthaften Überblick der freien Szene.

•137 [J13] **Forum für Fotografie,** Schönhauser Str. 8 (Bayenthal), Haltestelle: Schönhauser Str., Tel. 3401830, www.forum-fotografie.info, geöffnet: Mi.–Fr. 14–18, Sa. 12–18, So. 12–16 Uhr, Eintritt: 2 €. Ausstellungen sowie Vorträge und Seminare über die Vielfalt der Fotografie.

•138 [F10] **Kap-Forum,** Salierring 32 (Ring), Haltestelle: Barbarossaplatz, Tel. 99202910, www.kap-forum.de. Kommunikationsplattform für Architektur, Technologie und Design mit wechselnden Veranstaltungen.

•139 [F8] **Kölnischer Kunstverein Die Brücke,** Hahnenstr. 6 (Innenstadt), Haltestelle: Neumarkt oder Rudolfplatz, Tel. 217021, www.koelnischerkunstverein.de, geöffnet: Di.–So. 11–18 Uhr, Eintritt: 4 €. Engagierter Kunstverein mit Ausstellungshaus und Kino, der sich der aktuellen internationalen Kunstszene und neuen Kunstformen widmet.

•140 [G2] **Kulturkirche,** Siebachstr. 85 (Nippes), Haltestelle: Florastr., Tel. 97310325, www.kulturkirche-koeln.de. In dieser Lutherkirche in Nippes werden zusätzlich zum sonntäglichen Gottesdienst und Kirchenmusikkonzerten auch religionsferne Kulturprogramme verschiedenster Sparten veranstaltet: Chormusik, Konzerte, Comedy, Ausstellungen, Bühnenperformances, Lesungen und Filmvorführungen.

› **Kulturquartier am Neumarkt,** Cäcilienstr. 29–33 (Innenstadt), Haltestelle: Neumarkt, www.museenkoeln.de. Hinter der Fassade dieses riesigen Würfelbaus liegt dreifach museale Vielfalt: das Rautenstrauch-Joest-Museum mit dem

094kn Abb.: kk

Dani Karavans Skulptur „Ma'alot" auf dem Heinrich-Böll-Platz [I7]

Köln für Kunst- und Museumsfreunde

integrierten JuniorMuseum 22 und ein Teil des Museum Schnütgen 23, der an die museal genutzte Kirche St. Cäcilien angeschlossen ist.

- •141 [I10] **Kunsthaus Rhenania,** Bayenstr. 28 (Rheinauhafen), Haltestelle: Ubierring, Tel. 16898479, www.kunsthaus-rhenania.de. Rund 30 Künstler haben sich in einem alten Getreidelagerhaus als Verein zusammengeschlossen und bieten ein gemeinsames Veranstaltungsprogramm der Sparten Bildende und Darstellende Kunst, Musik sowie Kunstmärkte.
- •142 [H14] **Kunstsalon,** Brühler Str. 11–13 (Raderberg), Haltestelle: ab Köln Hbf oder Heumarkt Bus 132 oder 133 bis Mannsfeld, Tel. 373391, www.kunstsalon.de. Verein zur Förderung von Kunst und Kultur, vielfältige Aktivitäten und Veranstaltungen.
- •143 [G8] **Kunst-Station St. Peter,** Leonard-Tietz-Str. 6 (Innenstadt), Haltestelle: Neumarkt, Tel. 9213030, www.sankt-peter-koeln.de, geöffnet: Di.–Sa. 11–17, So. 13–17 Uhr. Hier findet zeitgenössische Kunst im hohen, lichtdurchfluteten spätgotischen Kirchensaal ihren besonderen Raum, auch Konzertveranstaltungen.
- •144 [G9] **Literaturhaus,** Großer Griechenmarkt 39 (Innenstadt), Haltestelle: Poststr. oder Neumarkt, Tel. 9955580, www.literaturhaus-koeln.de. Vielfältiges Literaturprogramm vom Literaturnobelpreisträger bis zur Debütantin.
- •145 [F5] **Photographische Sammlung und Tanzarchiv,** Im Mediapark 7 (Mediapark), Haltestelle: Christophstr./Mediapark, Tel. 888950, www.sk-kultur.de, geöffnet: Do.–Di. 14–19 Uhr. Mit der Photographischen Sammlung (Eintritt: 4,50 €) fördert die Stiftung Kultur der Sparkasse Köln-Bonn die künstlerische Fotografie. Keine ständige Präsentation, sondern wechselnde Ausstellungen. Das Tanzarchiv (Eintritt: 4,50 €) widmet sich der Geschichte und Gegenwart der Tanzkunst in Deutschland.

› **Art Cologne,** www.artcologne.de. Während der alljährlich im April stattfindenden Kunstmesse ist die Domstadt eine Woche lang Hochburg des internationalen Kunstmarktes. Rund 200 Galerien aus dem In- und Ausland locken Besucher an und rücken zeitgenössische Kunst noch nicht etablierter Künstler ins Licht der Öffentlichkeit.

› **Art Fair,** www.art-fair.de. Internationale Teilnehmer aus den Bereichen Bildende und Darstellende Kunst, Design, Musik, Mode, Film, Architektur, Animation und Games zeigen auf dieser Publikumsmesse jedes Jahr ihre neuesten Arbeiten.

› **Cologne Fine Art,** www.cologne-fine-art.de. Alljährlich im November veranstaltete Kunst- und Antiquitätenmesse mit einem exzellenten Angebotsspektrum an bildender und angewandter Kunst von der Antike bis zur Gegenwart. Rund 100 ausgewählte Galerien und Händler sind vertreten.

074kn Abb.: kk

Flügelauto von HA Schult auf dem Kölnischen Stadtmuseum 24

Kunst unter freiem Himmel

•146 [F4] **Odonien,** Hornstr. 85 (Nordstadt), Haltestelle: Nippes, Tel. 9727009, www.odonien.de, Industriefundstück- und Großplastikatelier Mo.-Fr. 10-15.30 Uhr, wechselnde Öffnungszeiten zu Odonien-Events, im Sommer Flohmärkte, Kunstworkshops, abends Biergarten (Do.-So. ab 17 Uhr), Open-Air-Kino, Partys. Selbsternannter, Kunst- und Kulturfreistaat im Puffviertel. Offener Ort, an dem Künstler und Medienaktivisten Raum für Kunst, Kultur und Forschung finden und riesiges baufälliges und provisorisches Kunst-, Party- und Konzertgelände.

•147 [J3] **Skulpturenpark,** Riehler Str./ Ecke Elsa-Brandström-Str. (Nordstadt), Haltestelle: Zoo/Flora, Tel. 33668860, www.skulpturenparkkoeln.de, geöffnet: April-Sept. 10.30-19, Okt.-März 10.30-17 Uhr. Kleiner Park voller Skulpturen südlich der Zoobrücke an der Riehler Str. nahe dem Rhein. Mit Parkcafé.

Erholung pur: der Volksgarten 48 *in der Südstadt*

Köln zum Träumen und Entspannen

In Köln gibt es viele Parks, in denen man die Seele baumeln lassen und sich von Sightseeing- oder Shoppingtouren entspannen kann.

Genau gegenüber der Altstadt, im rechtsrheinischen Stadtteil Deutz, liegt beispielsweise der **Rheinpark** 52, von dem man eine großartigen Ausblick auf die Stadt vor der Rheinkulisse hat. Aber Köln hat natürlich noch weitere **Rheinwiesen,** die sich erstklassig als Ausflugsziele eignen (s. S. 110).

In der Nordstadt bieten **Flora und Botanischer Garten** 39 gepflegtes Grün, Blütenvielfalt und Tropenhaus-Dschungelatmosphäre. Ebenfalls in diesem Teil der Stadt bietet das ehemalige **Fort X** 43 Spazierwege um eine historische Preußenfestung. Ein pittoresker Rosengarten befindet sich auf den alten Festungsmauern.

021kn Abb.: kk

Köln zum Träumen und Entspannen

022kn Abb.: kk

In der Südstadt bildet das **Fort I** 47 mit seinen Grünanlagen das Pendant zum Fort X. Ebenfalls dort befindet sich der **Volksgarten** 48 samt seinem pittoresken See. Einen Abstecher wert ist auch der schöne **Stadtgarten** zwischen Belgischen Viertel und Mediapark mit von hohen Bäumen beschatteten Wiesen. Ein ganzjährig geöffneter Biergärten lädt zur Einkehr ein (s. S. 30).

Ruheräume

Wer Ruhe sucht, kann auch eine der 12 großen **romanischen Kirchen** (s. S. 46) aufsuchen, die sich im linksrheinischen Stadtgebiet verteilen, und dort einfach mal eine Weile auf der Bank Platz nehmen und die Atmosphäre auf sich wirken lassen. Auch im **Dom** 1 bietet sich dies natürlich an.

Als „Museum der Nachdenklichkeit" versteht sich das **Kunstmuseum Kolumba** 27. Die karge Eleganz der Innenräume ermöglicht eine Konzentration auf das Wesentliche.

Kraft tanken und Erholung finden kann man auch in der **Claudius-Therme.** Eine natürliche Mineralquelle speist verschiedene Badeeinrichtungen mit staatlich anerkanntem Heilwasser. Das in Deutz nahe der Zoobrücke am Rhein gelegene Thermalbad bietet Innen- und Außenbecken, Bewegungsbäder, Liegewiesen, Gastronomie, Saunabereich, Dampfbäder, medizinische Kuren, Massagen und Schönheitsbehandlungen.

•148 [K5] **Claudius Therme**, Sachsenbergstr. 1 (Deutz), www.claudius-therme.de, Tel. 981440, ab Haltestelle Messe/Deutz Bus 150 oder 250 oder 260 bis Thermalbad, geöffnet: 9–24 Uhr, Eintritt: 2 Std. ab 15 €

Auf den alten Festungsmauern des Fort X 43 *gedeihen prächtige Rosensträucher*

AM PULS DER STADT

003kn Abb.: kw

Das Antlitz der Metropole

Klarer Fall: Köln liegt am Rhein, ist die größte Stadt in Nordrhein-Westfalen und die viertgrößte Deutschlands. Im Zentrum thront der Dom, der Orientierung bietet – und dies schon seit Jahrhunderten.

Die Domstadt, in der heute über eine Million Menschen wohnen, liegt in der **Kölner Bucht**, die westlich durch die Ville und östlich durch die Höhenzüge des Bergischen Landes eingerahmt wird. Die Kölner Bucht bildet wiederum den südöstlichen Teil der Niederrheinischen Bucht, die im Westen und im Südwesten durch das Hohe Venn und die Eifel begrenzt wird.

Die Stadt wird in Längsrichtung vom **Rhein** durchschnitten, der im Stadtgebiet 40 km Länge misst. Seit über 2000 Jahren leben die Menschen in Köln am und vom Rhein und schon die Römer nutzten die Lage am Fluss. Damals existierte im Altstadtbereich noch ein Seitenarm, der eine Insel umflutete. Der Fluss trennte die „zivilisierte" Welt vom germanischen „Barbarenland" – verschmitzt scherzen insbesondere die linksrheinischen Kölner, dies sei auch heute noch so. Seit der Eingemeindung weiterer rechtsrheinischer Areale im Jahre 1888 liegt das Kölner Stadtgebiet auf beiden Seiten des Flusses und nach mehreren Stadterweiterungen kann Köln den Strom nun seine Mitte nennen: 57 % der Stadt liegen linksrheinisch, 43 % rechtsrheinisch. Acht Brücken überqueren den Fluss im Stadtgebiet.

Doch der Strom ist nicht nur Lebensader, sondern kann auch viel Schaden bringen. Immer wieder wurde und wird Köln von **Hochwasser** heimgesucht. Daher möchte man in Köln ein umfassendes Hochwasserschutzkonzept umsetzen.

Weitere Bauprojekte stehen im Zusammenhang mit dem Landesstrukturprogramm „Regionale 2010" der Region Köln/Bonn. Ein Prestigeprojekt Kölns ist der **Rheinboulevard.** Dahinter steht die Absicht, die Uferbereiche im Stadtgebiet als urbanen Raum nutzbar zu machen und zu einer durchgängigen Promenade auszugestalten. Unter anderem soll das Deutzer Rheinufer von einer von Bäumen gesäumten riesigen Freitreppe flankiert werden (Infos: www.regionale2010.de).

In Köln laden **Vergangenheit und Gegenwart** zum Entdecken ein. Bauten und Denkmäler aus zwei Jahrtau-

EXTRATIPP

Köln aus der Vogelperspektive

- Vom **Südturm des Doms** 1 hat man eine schwindelerregend-schöne Aussicht auf die (Alt-)Stadt. 533 Stufen sind es bis zur Aussichtsgalerie in 101 m Höhe.
- Am Deutzer Rheinufer zwischen Deutzer Bahnhof und Hohenzollernbrücke bietet das Bürohochhaus **Köln Triangle** 53 von einer luftigen Aussichtsplattform in knapp 104 m Höhe einen imposanten Panoramablick auf Köln samt dem Dom.
- Eine tolle Aussicht hat man auch bei eine Fahrt mit der **Rheinseilbahn** (s. S. 98) zwischen Zoo (Nordstadt) und Rheinpark (Deutz).

Vorseite: Durch die Überbleibsel des römischen Nordtores 3 blickt man auf die Domplatte

KURZ & KNAPP

Die Stadt in Zahlen

- **Stadtrechte:** seit 50 n. Chr
- **Einwohner:** 1.044.555
- **Einwohner/km²:** 2578
- **Fläche:** 405,17 km^2
- **Höhe des Fußbodens des Kölner Domes Höhe über NN:** 55,2 m

senden, Museen von Weltrang und eine vitale Musik-, Kultur- und Eventszene begeistern jährlich knapp 3 Millionen Touristen. Auch **Gegensätze und Unterschiede** sorgen für Abwechslung: Hinter der Jugendstilfassade macht sich Hinterhoftristesse breit, neben avantgardistischem Design finden sich gesichtslose Wohnblöcke, romanische Sakralkunst und gläserne Profanarchitektur. Köln ist unbestritten eine kosmopolitische Stadt, dennoch regiert vielerorts die Kleinbürgerlichkeit.

Gerne wird die Domstadt auch mit **Superlativen** wie „das größte Kaff der Welt" oder als „nördlichste Stadt Italiens" beschrieben und es kursieren prägnante Kurzdefinitionen wie „städtebauliche Missgeburt" und „Biotop für Bekloppte" – tatsächlich ist Köln zumindest zum Karneval „voller Jecken". Eine der vielen lobpreisenden Volkslied-Strophenzeilen beschreibt den **Mythos** der Stadt: „Dat Hätz vun dr Welt, jo dat es Kölle, dat Hätz vun dr Welt, dat schlät am Rhing" („Das Herz der Welt, ja, das ist Köln, das Herz der Welt, das schlägt am Rhein").

030kn Abb.: kk

☒ *Reste römischer Bebauung, hier Teile der antiken Stadtmauer nahe der heutigen Straße Rothgerberbach [G9], finden sich in ganz Köln*

Von den Anfängen bis zur Gegenwart

Die Stadtgeschichte ist eine Abfolge von Aufstiegen und Abstürzen. Von seiner Gründung bis Ende des 19. Jahrhunderts war Köln stets eine befestigte Stadt. In der Enge dieser Mauern vollzog sich ein Großteil der Historie.

Die heutige Stadtstruktur ist durch sukzessive Erweiterung entstanden: Halbkreisförmige, immer weiter nach außen verlagerte Verteidigungsgürtel verliefen entlang des Kölner Rings (den Ringstraßen), der Inneren Kanalstraße, der Äußeren Kanalstraße und der Militärringstraße.

Kölns Anfänge als römische Kolonie

38 v.Chr: Auf einer hochwassergeschützten Rheinerhebung legen die Römer einen Militärstützpunkt an. Eine ganze Kette römischer Lager zieht sich das Rheinufer entlang und soll die entlegenen Außengrenzen des Römischen Reiches schützen. Oppidum Ubiorum (Ubierstadt) nen-

Herrgotts Winkel: Kölns romanische Kirchen

Köln ist weithin bekannt als die „Stadt der romanischen Kirchen". In Anlehnung an das „himmlische Jerusalem" gibt es zwölf große ***romanische Kirchen,*** *welche sich wie eine Perlenkette um den mittelalterlichen Stadtbereich legen:*

- *St. Gereon* 32 *(Friesenviertel)*
- *St. Ursula* 41 *(Nordstadt)*
- *St. Severin* 46 *(Severinsviertel)*
- *St. Pantaleon* 50 *(Südstadt)*
- *St. Maria im Kapitol* 19 *(Altstadt)*
- *Groß St. Martin* 8 *(Altstadt)*
- *St. Maria Lyskirchen* 18 *(Altstadt)*
- *St. Cäcilien* 23 *(Innenstadt)*
- *St. Georg* 49 *(Südstadt)*
- *St. Aposteln* 21 *(Innenstadt)*
- *St. Andreas* 2 *(Altstadt)*
- *St. Kunibert* 37 *(Nordstadt)*

Kölns große romanische Gotteshäuser stellen einen eindrucksvollsten bau- und kunstgeschichtlichen Schatz dar. Die Bezeichnung ***„romanisch"*** *wird verwendet für den Zeitraum* ***vom 9. bis zur Mitte des 13. Jahrhunderts.*** *Die Kunst der romanischen Epoche bildet erstmals eine (relativ) geschlossene Einheit bestimmter Stilrichtungen im gesamten christlichen Europa. Im Gegensatz zu späteren Phasen wie der Gotik oder dem Barock dominieren* ***schlichte Formen.***

Es gibt mehrere Gründe, warum die Domstadt im Hochmittelalter eine überragende Bedeutung erlangte. Karl der Große machte Köln, das bereits seit 313 ***Bischofssitz*** *war, um 800 zum* ***Erzbistum.*** *Die Erzbischöfe, die bis 1288 die Stadt regierten (danach war Köln Freie Reichsstadt), hatten meist sehr gute Beziehungen zu Kaiser und/oder Papst. So gelang es nicht nur, wichtige wirtschaftliche Privilegien wie den Rheinzoll, das Stapelrecht (s. S. 72) oder die Münzhoheit nach Köln zu holen, sondern auch Reliquien von herausragender Bedeutung.*

Der Handel florierte, ungeheurer Reichtum hielt Einzug in die Stadt, dazu kam die Ansiedlung einer großen Zahl von florierenden Klöstern und Stiften. Jedes Jahr kamen ***Tausende von Pilgern,*** *die Köln schon im Mittelalter zu einer „Touristenhochburg", zu einer Art „Pilgerzentrum West" machten. Spenden und Steuern sicherten ausreichend Geld für den Bau großer und aufwendiger Gotteshäuser. Das „Hillige Coellen" besaß überragende religiöse wie politische Bedeutung – Köln maß sich mit dem „himmlischen Jerusalem", die großen romanischen Kirchen sollten „Abbilder des Himmels" sein.*

Man muss sich stets vor Augen halten, dass es im frühen Mittelalter ***keine Trennung von weltlicher und kirchlicher Macht*** *gab. Der Erzbischof war zugleich Herr der Stadt. Die Kirchen dienten auch der Darstellung der städtischen Stärke. Doch auch dem Umstand, dass der Erzbischof ab 1228 in der Freien Reichsstadt keine Macht mehr als Stadtherr hatte, ist es zu verdanken, dass die romanischen Kirchen die folgenden Jahrhunderte überdauerten und nicht etwa fürstlichen Residenzen weichen mussten.*

Von den zwölf großen romanischen Kirchen gehörten elf zu ***Stiften oder Klöstern*** *(außer St. Maria Lyskirchen). Im Jahr 1802 setzten die französischen Besatzer die* ***Säkularisation,*** *die Verweltlichung aller Stifte, Klöster und Kirchen, durch. Die romanischen Kirchen wurden zu Pfarrkirchen.*

Verheerende Zerstörungen *brachten der Bombenhagel des Zweiten Weltkriegs. Dächer wurden zerstört, es regnete bis auf die Altäre und Kirchenbilder herab. Viele Kirchen mussten aufwendig wieder aufgebaut werden. Doch die* ***Renovierungen*** *hielten sich weitgehend an mittelalterliche Muster, sodass die romanischen Kirchen heute in ihrem ursprünglichen Erscheinungsbild dastehen.*

- *Romanische Kirchen in Köln: www.romanische-kirchen-koeln.de*
- *Erzbistum Köln: www.erzbistum-koeln.de*
- *Heilige und Namenspatrone: www.heilige.de*
- *Glossar: www.kirchen-lexikon.de*
- *Kirchenmusik Köln: www.kirchenmusik-koeln.de*

Besichtigungstipp:

Wie in anderen Gotteshäusern auch, sind in den romanischen Kirchen nicht alle Bereiche öffentlich zugänglich (z. B. Altarbereiche, Kult- und Grabräume, Ausgrabungsstätten), jedoch vermitteln Kirchenführungen, die regelmäßig vom Kölner Domforum (s. S. 68) oder anderen Anbietern angeboten werden, auch hier Einblicke. Eher selten bieten die Kirchengemeinden eigene Führungen.

Literaturtipps:

- *Jürgen Kaiser: „Die großen romanischen Kirchen in Köln“, Greven Verlag*
- *Margareta Schumacher: „Himmelslicht und Höllenschlund: Geschichten aus dem Mittelalter rund um die romanischen Kirchen in Köln“, Bouvier Verlag*

nen die Römer diesen frühen Vorgänger Kölns, der Militärstützpunkt entwickelt sich rasch zu einer städtischen Siedlung.

50 n. Chr.: Kaiser Claudius verleiht der römischen Siedlung auf Wunsch seiner hier geborenen Gattin Agrippina die vollen Stadtrechte. Die Siedlung erhält den Namen Colonia Claudia Ara Agrippinensium, kurz CCAA, was übersetzt werden kann als „Kolonie gegründet zur Regierungszeit des Kaisers Claudius am Ort eines Tempels (Ara) auf Initiative der Agrippina“. Baubeginn einer wehrhaften Stadtmauer.

ab 85 n. Chr.: Colonia avanciert zur Provinzhauptstadt Niedergermaniens. Die prosperierende Kolonie wächst auf ca. 20.000 Einwohner an. Es herrscht ein enormer Bauboom – die Infrastruktur im römischen Köln ist außerordentlich gut ausgebaut, konsequente Stadtplanung ein Wesensmerkmal römischer Siedlungspolitik. Colonia wird nach und nach zur bedeutendsten Metropole am nördlichen Rhein. Durch die strategische Lage am Fluss entwickelt sich reger Fernhandel.

im 4. Jh.: Ab Anfang des 4. Jh. verliert die Zentralmacht Rom immer mehr an Einfluss auf das ferne Colonia, immer wieder versuchen Germanen, die Stadt zu erobern. Ab Mitte des Jahrhunderts nutzen die Franken – ein abgespaltener Verband kleinerer germanischer Stämme – interne römische Machtkämpfe zum Vorstoß auf Köln.

Zerrüttung und Zerfall zur Frankenzeit

ab Mitte des 6. Jh.: Eingliederung in das Reich der Franken. Köln wird von fränkischen Kleinkönigen regiert und ist eine Grenzstadt im Osten des Frankenreichs. Blutige Thronkämpfe und Erbstreitigkeiten bestimmen die Regentschaft. König Chlodwig ist der erste germani-

024kn Abb.: kk

sche Herrscher, der zum Christentum übertritt. In der folgenden Zeit breitet sich das Christentum aus, viele römische Tempel und Kultorte werden von den Christen „umfunktioniert“. Köln wird 795 Bischofssitz und Verwaltungszentrum eines weit ausgreifenden Missionsgebietes.

800: Karl der Große wird zum Kaiser gekrönt und regiert von Aachen aus. Damit geht die Ernennung Kölns zum Erzbistum einher. Köln ist Mittelpunkt eines großen christlichen Landes. Hildebold wird zum ersten Erzbischof ernannt und ist maßgeblich an der Reichspolitik beteiligt. Eine lange Liaison von Politik und Kirche, von weltlicher und geistlicher Macht, beginnt.

im 9. Jh.: Nach dem Tod Karls dem Großen im Jahr 814 bricht das Frankenreich auseinander. Es entstehen das Westfränkische Reich – später Frankreich genannt – und das Ostfränkische Reich, in dem Deutsch gesprochen wird. Ab 925 ist das Rheinland – samt Köln – an das fränkische Ostreich angegliedert. Seuchen, Hungersnöte, Naturkatastrophen und Normannenangriffe erschweren das Leben, der Lebensstandard sinkt, die Infrastruktur zerfällt und der Fernhandel verebbt. Rückschritt Kölns in die Bedeutungslosigkeit.

Bischofsmacht und Bürgeraufstand

Ab 953: Die Erzbischöfe sind nicht nur kirchliches Oberhaupt, sondern auch weltliche Landesfürsten und Stadtherren. Ihnen unterstehen die Gerichtsbarkeit ebenso wie das Zoll- und Steuerwesen. Fast immer haben sie als Stellvertreter und Berater des Kaisers auch die Funktion von Kriegsherren oder Außenministern. Erzbischof Bruno, der jüngste Bruder Kaiser Ottos des Großen, ist der erste Inhaber dieser doppelten Macht.

Im 10. Jh.: Nach den Zerfall am Ende der Frankenzeit erlebt Köln einen Aufschwung und wird zur wichtigsten Stadt am Rhein. Die Stadtentwicklung vollzieht sich zunächst noch innerhalb der römischen Stadtmauern, doch unter Erzbischof Bruno erfolgt eine Erweiterung Richtung Rhein.

Im 11. Jahrhundert: Eine reiche und selbstbewusste Bürgerschaft wächst heran, zuerst unter dem Schutz der Erzbischöfe, dann voller Verlangen, die Geschicke der Stadtregentschaft selbst zu übernehmen. Die Spannungen und Feindschaft zwischen Erzbischof und Bürgertum werden immer größer.

Im 12. Jh.: Ab 1106 wird in Köln die mächtigste Befestigungsanlage des Mittelalters errichtet. In ihrem Schutz entwickelt sich die Stadt zur größten Metropole Deutschlands.

Im 13. Jh.: Trotz aller Streitigkeiten mit den Erzbischöfen boomt Köln: Zwölf roma-

Im Mittelalter gelangte man durch das turmbestandene Severinstor (45) in die Stadt

nische Kirchen formieren sich, die neue Stadtmauer bietet rundum Schutz, der europaweite Handel hat Hochkonjunktur, Pilgerströme und Stapelrecht (s. S. 72) bescheren Reichtum und der Dombau soll neue Zeichen setzen.

1288: Die Schlacht von Worringen – die größte Ritterschlacht auf rheinischem Boden – beendet die Regentschaft des Erzbischofs als ungeliebter Stadtherr. Die neuen Stadtherren sind Patrizier, der städtische Geldadel. Sie stellen den Stadtrat, dem zwei Bürgermeister vorstehen. Dem Status nach ist Köln Freie Reichsstadt, auch wenn der kaiserlich-offiziellen Titel erst 1475 folgt. Bis zum Ende des 18. Jh. gibt es immer wieder Versuche der Erzbischöfe, ihre Kontrolle über die Stadt zurückzugewinnen.

077kn Abb.: kk

Freie Reichsstadt

Im 14. Jh.: Während einer großen Pestwelle stirbt ein Großteil der Einwohner Kölns. In der Stadtpolitik gehr das Ringen um die Macht weiter. 1396 werden die herrschenden Patrizier entmachtet. Die Ratsherren werden von den 22 Gaffeln, politischen Interessenvertretungen der Zünfte, gestellt. Somit bilden Handwerker und Kaufleute als ständische Mittelschicht das Stadtregiment.

1396: Proklamation der ersten Stadtverfassung in Form des Verbundbriefs. Dieses später noch erweiterte Schriftstück definiert ein demokratisches Stadtregiment – rund 400 Jahre sollten diese Bestimmungen gültig sein. Doch nur ein kleiner Teil der Kölner ist mitspracheberechtigt: Bürger der Unterschicht sowie Frauen und Geistliche sind nicht an der Stadtpolitik beteiligt. Ämterpatronage, Korruption und Bestechung werden zu alltäglichen politischen Methoden.

1482: Am Rosenmontag kocht die Volksseele über. Vermummte und maskierte Kölner stürmen das Rathaus und protestieren gegen die Missstände. Der Aufstand wird niedergeschlagen, das Stadtregiment sitzt weiter fest im Sattel.

15. und 16. Jh.: Der Zenit der Blütezeit ist überschritten. Die Entwicklung Kölns stagniert in der Enge seiner Stadtmauer und der mittelalterlichen Traditionen, starre Zunftregeln unterbinden jeden Fortschritt. Es gibt kaum soziale Veränderungen oder geistige Aufbruchbewegungen. Köln ist eine katholische Bastion, in der Juden (seit 1424) nicht wohnen dürfen und Protestanten (ab 1714) verfolgt werden. Symbolisch für Kölns Stillstand ist die Dombaupause ab 1560.

17. und 18. Jh.: Das Deutsche Reich ist am Ende, die Freie Reichsstadt Köln ist ein kleiner Zwergstaat. Den Stadtrat haben begüterte Familien unter sich aufgeteilt, die Staatskassen werden immer leerer.

Im 17. und 18. Jh. wachten Stadtsoldaten über die Freie Reichsstadt Köln, deren Ruf aber nicht der beste war

Einerseits ist es eine ungewöhnlich friedliche Zeit – sogar der Dreißigjährige Krieg (1618–48) zieht an Köln vorüber –, doch die Stadt ist am Tiefpunkt. Bettler und Müßiggänger bevölkern die schlammigen Straßen, Nachttöpfe und Abfalleimer werden vor der Haustür entleert, Ratten und Schweine durchwühlten den Unrat.

Französische Eingliederung

1789: Die Franzosen enthaupten ihren König, rufen eine Republik aus und zetteln mit halb Europa einen Krieg an. In seiner schwachen Lage kapituliert Köln. Das Misstrauen ist groß, doch so manch einer hofft auf bessere Zeiten mit „Freiheit, Gleichheit und Brüderlichkeit".

1798: Köln wird in den französischen Staatsverband eingegliedert – zum ersten Mal seit 900 Jahren machen sich fremde Truppen breit.

Anfang des 19. Jh.: Die Freie Reichsstadt und ihre Verbundbrief-Verfassung sind passé. Die nur rund 20 Jahre währende Franzosenherrschaft bringt Fortschritte und Veränderungen, doch das Ganze hat zwei Seiten: Die Franzosen sorgen für die Auflösung der Zünfte, die Einführung der Gewerbefreiheit sowie die Neuordnung der Verwaltung und der Justiz. Bürgerliche Freiheit und Gleichheit vor dem Gesetz sowie die Trennung der Staatsgewalten halten Einzug. Doch auch dem heiligen Köln geht es an den Kragen. Wahrlich revolutionär ist die Einführung der Religionsfreiheit und die Aufhebung der Beschränkungen gegen Juden und Protestanten. Alle kirchlichen Einrichtungen werden aufgelöst, Geistliche, Priester, Nonnen und Mönche quasi auf die Straße gesetzt.

Ab 1804: Frankreich ist keine Republik mehr: Napoleon lässt sich, durch eine Volksabstimmung bestätigt, den Kaisertitel zuerkennen und erfreut sich großer Beliebtheit, zumindest in seiner Nation. Doch die Völker Europas starten mit tatkräftiger Unterstützung der Preußen einen Befreiungskrieg. Frankreich unterliegt und der Wiener Kongress ordnet Europa neu. Ein Deutscher Bund von 35 Einzelstaaten entsteht, das Rheinland wird 1814 Preußen zugesprochen.

Preußische Herrscher

19. Jh.: Die Preußen sind bei den Kölnern alles andere als beliebt. Die Protestanten gelten als streng und militaristisch. Sie führen vieles fort, was die Franzosen begonnen haben. Zudem bauen sie das Schulwesen aus, siedeln erste Industriebetriebe an, errichten Brücken, Hafenanlagen, Eisenbahnlinien und Straßen. Sie gewähren Versammlungs-, Presse- und Meinungsfreiheit, doch eine echte Demokratisierung und soziale Fort-

076kn Abb.: kk

Kaiser Wilhelm II. als Statue an der Hohenzollernbrücke

schritte bleiben aus. Trotz zunehmender Industrialisierung breitet sich Armut aus. Hunger und Enge herrschen, der mittelalterliche Mauergürtel schnürt die Stadt ein. Im Zuge eines groß angelegten preußischen Festungsausbaus wird ab 1881 die alte Stadtmauer abgerissen und es entstehen neue Verteidigungsanlagen weiter außerhalb. Dazwischen ist genug Platz für neue Wohnviertel und weitere Fabrikanlagen.

1842–1880: Nach knapp 300 Jahren Stillstand wird der Dombau fortgesetzt – für die Kölner von immenser Bedeutung! Dass ausgerechnet die protestantischen Preußen die katholische Kathedrale vollenden, erscheint wie ein Wunder. Die Preußen wollen Thron und Kirche symbolisch versöhnen und sich ein prächtiges Nationaldenkmal setzen. Nach über 600 Jahren Bauzeit ist der Koloss endlich komplett.

Anfang des 20. Jh.: Köln mausert sich zur modernen Industrie- und Großstadt und zu Dienstleistungszentrum mit über 250.000 Einwohnern.

Zwei Weltkriege und ein neues Millennium

1914–1918: Während in Köln erste elektrische Straßenbahnen auf Teilstrecken des Ring-Boulevards entlangrumpeln, fallen weit weg in Sarajewo die tödlichen Schüsse, die den Ersten Weltkrieg einleiteten. Der Kampf ums Überleben mit all seinen typischen Erscheinungsformen wie Schwarzhandel, Hamsterkäufe und Wucher sind prägend für die Kriegsjahre. 1918 dankt der Kaiser ab, der Waffenstillstand und später die Weimarer Republik werden ausgerufen.

1920er-Jahre: Köln untersteht der britischen Besatzungsmacht. Arbeitslosigkeit, Hunger und immense Inflation (1923 kostet eine Ausgabe des Kölner Stadtanzeigers 53 Mrd. Mark!) bestimmen die nächsten Jahre. Es folgen eine Währungsreform und die Goldenen Zwanziger. In Köln sorgt Konrad Adenauer für eine zukunftsorientierte Stadtpolitik. Die Stadt wächst durch Eingemeindungen und Zuzug auf über 700.000 Einwohner.

1930er-Jahre: Die Weltwirtschaftskrise beendet die Boomzeit. Mit dem Vertrauen der Bevölkerung in die Regierung ist es dahin, die nationalsozialistische Partei verzeichnet eine immer größere Anhängerschaft. 1933 wird Adolf Hitler Reichskanzler. Die Zeit der Kriegsvorbereitung beginnt – zunächst folgt ein Wirtschaftsaufschwung.

1939–1945: Während des Zweiten Weltkriegs wird Köln von Bombenangriffen schwer getroffen und ist 1945 eine der am schwersten beschädigten Großstädte Deutschlands: 93 % der Innenstadt sind zerstört, 230.000 Kölner obdachlos, 20.000 Zivilisten bei Bombenangriffen getötet worden, 30.000 Soldaten werden vermisst oder sind gefallen. Allein der Dom ragt aufrecht aus den ihn umgebenden Schuttbergen.

1950er-Jahre: Nach der Währungsreform bessert sich die Lage merklich, der Wiederaufbau schreitet voran.

1960er- und 1970er-Jahre: Kölns städtebauliche Entwicklung vollzieht sich nach den Leitlinien „Autogerechte Stadt" und „Urbanität durch Dichte" – so manches wird heute als stadtplanerische Todsünde angesehen. Köln wächst zu einer modernen Metropole und zählt über 1 Million Einwohner.

Ab Ende des 20. Jh.: Köln wird zum Dienstleistungs- und Medienzentrum.

Ab 2002: Beginn des Projekts „Leitbild Köln 2020", bei dem über 350 Kölner Bürger gemeinsam mit Vertretern aus Bereichen wie Politik, Verwaltung, Wirtschaft, Wissenschaft, Kultur, Kirche und Gewerkschaft ein Leitbild für Kölns Stadtprofil im Jahr 2020 (weitere Infos: www.koeln2020.de) erarbeiten.

Ab 2007: Großprojekte wie der Rheinauhafen 51, die Nord-Süd-Stadtbahn (s. S. 131) und die Archäologische Zone (s. S. 79) werden begonnen.

Ab 2009: Jürgen Roters (SPD) ist Oberbürgermeister der Stadt Köln.

2010: Die Zahl der Einwohner mit Hauptwohnsitz in Köln überschreitet die Million.

2015: Köln wählt einen neuen Oberbürgermeister.

Kölns bekannteste Stadtansicht

Leben in der Stadt

Das Leben in Köln ist genauso vielfältig wie die Stadt selbst. Die viel gerühmte Toleranz bejaht diese Buntheit und führt zu der ebenso legendären Lebenslust der Kölner. Genauso wohlbekannt ist der hiesige Lokalpatriotismus, der mit oben beschriebener Toleranz in – sagen wir mal – „interessanter" Weise verschmilzt. Alles in allem gilt in Köln: „Jeder Jeck es anders" („Jeder Mensch ist anders") und „Hey Kölle, do bes e Jeföhl" („Hey Köln, du bist ein Gefühl").

027kn Abb.: kk

Wirtschaft

In den meisten Epochen der vergangenen zwei Jahrtausende Stadtgeschichte war Köln dank seiner topografischen Lage eine bedeutende **Handelsmetropole.** Dabei spielte der Rhein eine zentrale Rolle: Schon die römischen Kriegs- und Handelsschiffe legten hier an, später bescherten das Stapelrecht (s. S. 72) und die Zugehörigkeit zur Hanse Wohlstand.

Im 19. und 20. Jahrhundert entwickelte sich in Deutschland ein Netz von Fernstraßen, Schienenwegen, Autobahnen und Flugrouten und Köln lag – und liegt – in deren Kreuzungspunkt. Dank dieser hervorragenden Verkehrsanbindung boomt die **Logistikbranche:** Köln ist der größte Umschlagplatz für kombinierten Ladungsverkehr und hat sich konsequent zu einem Güterverkehrsknotenpunkt im europäischen Binnenmarkt entwickelt. In Köln befindet sich der zweitgrößte deutsche Binnenhafen.

Die wesentlichen Standbeine der Wirtschaft in und um Köln sind jedoch die **Industrie** und der **Dienstleistungssektor.** Auch der Ausbau zum **IT-Zentrum** und nicht zuletzt der **Tourismus** tragen zur wirtschaftlichen Stellung bei. Köln ist – neben München, Hamburg und Berlin – zu einem **bedeutenden Medienzentrum** avanciert. Führend ist die Domstadt vor allem im Bereich Fernsehen. 40.000 Jobs stellt die Informations-, Kommunikations- und Medienbranche.

Die Stadt ist auch eine Topadresse für **Automobilhersteller** und Zulieferbetriebe. Vor über 125 Jahren erfand Nicolaus August Otto, der Gründer der Deutz AG, in Köln den Viertaktmotor – und damit begann die Motorisierung der Welt.

Kölsches Grundgesetz

Dem Kölner ist es in die Wiege gelegt, die ***11 Paragraphen des kölschen Grundgesetzes*** *zu pflegen – der Besucher tut gut daran, dies anzuerkennen oder – besser noch – mitzumachen.*

§1: Et es wie et es!
„Es ist wie es ist!" = Akzeptiere die Gegebenheiten.

§2: Et kütt wie et kütt!
„Es kommt wie es kommt." = Überstehe das Unabwendbare.

§3: Et hät noch immer joot jejange.
„Es hat noch immer gut gegangen." = Es wird schon alles gut gehen.

§4: Wat fott es, es fott.
„Was fort ist, ist fort." = Weine den Dingen nicht nach.

§5: Nix bliev wie et wor.
„Nichts bleibt wie es war." = Bejahe Neuerungen.

§6: Kenne mer nit, bruche mer nit, fott domet.
„Kennen wir nicht, brauchen wir nicht, fort damit." = Übermäßig Innovatives darf ignoriert werden.

§7: Wat wells de maache?
„Was willst du machen?" = Füge dich dem Schicksal.

§8: Maach et joot, ävver nit zo off.
„Mach es gut, aber nicht zu oft." = Achte auf die Gesundheit.

§9: Wat soll dä Quatsch?
„Was soll der Quatsch?" = Hinterfrage die Dinge.

§10: Drink doch ejne met!
„Trink doch einen mit!" = Gebot der Gastfreundschaft.

§11: Do laachs de disch kapott.
„Da lachst du dich kaputt." = Lach mal wieder.

029kn Abb.: kk

Die Kölner

Grob gesehen kann man Kölner in zweierlei Typen einteilen: **„Urmix" und Zugezogene** – sogenannte „Immis". Doch Vorsicht: Letztere sollte man keinesfalls als Nicht-Kölner bezeichnen, denn die Wesensmerkmale, die den Kölner ausmachen, sind fließend, unklar und umstritten. Hier treffen **Einträchtigkeit und Ressentiments** aufeinander.

Bei „Immi" handelt es sich um die Kurzform von **„Immigrant"**. Und ein solcher kann durchaus Kölner sein! Denn Kölner ist, wer zum ersten in Köln wohnt – Geburtsort und Herkunft der Eltern sind fast egal – und zum zweiten Kölner sein will! Unter der Voraussetzung, dass die zweite Bedingung erfüllt ist, sind auch alle diejenigen noch Kölner, die eine Weile in Köln lebten und dann aufs Land oder in die Fremde gezogen sind. Einerseits hat das Wort einen spöttisch-bissigen Beigeschmack, einen Hauch des Unversöhnlichen mit dem Kölner Urgestein, andererseits: Jeder ist ein Immi – fast überall – und die meisten gibt es in Köln.

Wer auch immer: **„Den" Kölner gibt es nicht.** Jeder ist anders und viele legen auch Wert darauf, anders zu sein. Das passende kölsche Motto lautet „Jeder Jeck es anders". „Leben und leben lassen", so wird dieser Wesenszug löblich gerühmt – nur garstige Gesellen sehen darin Unverbindlichkeit und Ignoranz.

Kölsch

Kölsch ist **einer von vielen rheinischen Dialekten**, so wie auch das Moselfränkische, das Niederrheinische oder das Westfälische – sogar in Ost-Belgien wird rheinisches „Platt" gesprochen. Doch der Stadtdialekt Kölsch hat eine prägnante Eigenentwicklung durchgemacht, die immer noch anhält.

Unverwechselbar an der „kölschen Sproch" ist die **Eigenart**, Wörter nicht fein säuberlich voneinander getrennt zu artikulieren, sondern „zusammenzubinden" und den Satz in einem durchzuziehen. Ebenso typisch ist, dass Kölsch wie ein **Singsang** klingt. Wann die Stimmlage wie sein sollte, wann Laute bis ins Geht-nicht-mehr in die Länge gezogen werden, ist nur schwer zu durchschauen.

Auffällig ist, dass es den Buchstaben „g" – also dat „jeh" – überhaupt gar nicht gibt und dass Kölner so ihre Schwierigkeiten haben, „ch" auszusprechen. Meist wird es dem „sch" angeglichen.

Klingt Hochdeutsch oft spröde, so gibt es im Kölschen viele **augenzwinkernde Untertöne.** Insbesondere kleine Gemeinheiten lassen sich humorvoll und variantenreich ausdrücken, hier nur ein paar Beispiele:

Kölsch mit Übersetzung

- **Bierjeschwör:** „Biergeschwür". Scherzhafte anatomische Beschreibung des deutlich sichtbaren Effekts von regelmäßigem Bierkonsum: des Bierbauches.
- **Jeck:** „Verrückt". Irgendwie ist in Köln jeder jeck, daher ist jeck nichts Schlimmes, sondern der Normalzustand. Das wichtigste Charakteristikum der Kölner (samt aller Zugezogenen) lautet: „Jeder Jeck es anders!" So schützt man sich prima gegen jede Art der Aufregung. Noch ein Tipp: Während eines Gesprächs feinfühlig alle paar Minuten ein „Do Jeck" oder auch „Do jecke Jeck" anzubringen, kommt einem Lob und der Anerkennung von Individualität gleich.
- **Fieser Möpp:** „Widerlicher Köter". Abscheulicher Kerl, fiese Type mit knurriger Visage.
- **Hungsfott:** „Hundehintern". Vorsicht, denn anders als bei vielen anderen kölschen Popo-Varianten ist hier eine derbe Beleidigung gemeint.
- **Kippaasch:** „Kipparsch". Bildlich gesehen besteht für Träger eines solchen die Gefahr, nach hinten umzukippen.
- **Möckeföttche:** „Mückenhintern". Anatomisches Gegenteil des „Kippaasch".
- **Mömmesfresser:** „Popelfresser". Derbe Kennzeichnung für Geizhälse, die sich bedürfnislos von den klebrigen grünen Nasenprodukten ernähren.

Karneval

Köln und Karneval – das eine ist ohne das andere fast undenkbar, auch wenn es sogar in Köln bekennende Karnevalsmuffel und flüchtende Rosenmontagsverweigerer gibt.

EXTRATIPP

Termine toller Tage
- **Weiberfastnacht:** 12.02.2015, 04.02. 2016, 23.02.2017
- **Rosenmontag:** 16.02.2015, 08.02.2016, 27.02.2017

Wie überall heißt auch Karneval feiern in Köln **gemeinsam singen, tanzen und trinken.** Wer frohen Mutes mitmachen möchte, braucht Spaß an der Freude und die Bereitschaft, den kölnischen Eigenheiten zu folgen. Verbrüderung mit Mitmenschen, Schunkeln mit dem Nachbarn, das Schmettern von Heimatliedern in kölscher Mundart, anstoßen auf Kölle, Gott und die Welt bewirken eine Hochstimmung und stärken das Gemeinschaftsgefühl. Am meisten los

028kn Abb.: kk

Manche Karnevals-Festtagswagen thematisieren die Unzufriedenheit vieler Kölner mit der Lokalpolitik

ist an den **tollen Tagen** zwischen Weiberfastnacht und Karnevalsdienstag, Höhepunkt ist der Rosenmontagszug. Wer hier live dabei sein möchte, sollte rechtzeitig seinen Standplatz sichern. Einen Zugwegplan kann man bei KölnTourismus (s. S. 116) oder vom Festkomitee des Kölner Karnevals bekommen und wer sich mit **Kostümen** oder **Karnevalsequipment** eindecken will, findet einige gute Shoppingtipps auf S. 22.

Trostpflaster für alle Fans, die nicht zur Karnevalszeit dabei sein können: Karnevalsgeschichte(n) und Festwagen werden das ganze Jahr über im **Kölner Karnevalsmuseum** (s. S. 37) präsentiert.

- **www.karneval.de:** Website rund um „Alaaf"
- **www.koelnerkarneval.de:** Festkomitee des Kölner Karnevals
- **www.koelner-karneval.org:** Infos und Termine
- **www.rosenmontag.de:** Rosenmontag und rheinischer Karneval

Karnevalsglossar

- **Alaaf:** Allgegenwärtiger Freuden- und Schlachtruf, der seinen Ursprung vermutlich im Trinkspruch „Cöllen al av" („Köln über alles") hat. Mit zahlreichen dreifachen „Kölle Alaaf" lassen die Kölner ihre Stadt immer wieder hochleben.
- **Bützje** (Küsschen): An Karneval üblich und unverbindlich. Wichtig: jebützt wird mit spitzen Lippen, keinesfalls als Zungenkuss! Wider des kölschen Kodex verhalten sich Männer, die Bützen zur Anmache missbrauchen. Wer allzu gerne bützt, wird schnell zum Bützmul, schlimmer jedoch sind Föttchesföhler.
- **Helau:** Oh, oh! Hier endet jede Toleranz! Wer es wagt, an Karneval in Köln diesen ortsfremden Schlachtruf zu schmettern, wird im gnädigsten Falle mit Bonbons gesteinigt.
- **Kamelle:** Bonbons, die während der Karnevalszüge von den Karnevalswagen ins Publikum geworfen werden. Auch Weingummi, Schokolade, Pralinen oder Blumensträuße dienen als Wurfmaterial.
- **Rosenmontagszug:** Spektakulärster Teil des Straßenkarnevals ist der an Rosenmontag veranstalteter Festzug durch die Innenstadt. Seit 1823 ist der Rosenmontagszug der Mittelpunkt und das Aushängeschild des Kölner Karnevals. Heutzutage formieren sich rund 10.000 Zugteilnehmer von 50 Karnevalsgruppen mit Kapellen und vielen fantasievollen Festwagen und beschreiten den knapp 7 km langen, für den Autoverkehr gesperrten Zugweg. Start ist vormittags (10.30 Uhr Chlodwigplatz, Severinsviertel), Ankunft der ersten Wagen am Zugende (Mohrenstraße, Friesenviertel) ca. 4 Stunden später. Etwa 100 mit Großfiguren geschmückte Prunkwagen der Karnevalsgesellschaften, bekannte und unbekannte Musikkapellen sowie jede Menge verkleidetes Fußvolk begleiten den Zug. Rund eine Million Jecken säumen den Zugweg, noch weitaus mehr Schaulustige sitzen vor den Fernsehschirmen.
- **Wieverfastelovend** („Weiberfastnacht"): Der erste Tag des Straßenkarnevals ist durch die vielen Feste und verschiedenen Straßenumzüge charakterisiert. Feierlich eröffnet werden diese tollen Tage um 11 Uhr 11 auf dem Alter Markt. Dann stürmen die Damen der Schöpfung das Rathaus und übernehmen sozusagen das Regiment. Gepflogenheit ist es, den Männern als eine Art symbolische Kastration ein Stück ihres Schlipses abzuschneiden (Protest zwecklos! Männer haben einen guten Grund, ihr hässlichstes Exemplar zu tragen). Insbesondere rund um den Alter Markt und auch in der Innenstadt flippen nicht nur „Wiever" aus, sondern es feiern (auch männliche) Jecken nach allen Regeln der Kunst.

075kn Abb.: sk

Überraschungen im Untergrund: Archäologie in der Altstadt

Die Wahrscheinlichkeit, beim Bummeln durch die Altstadt auf archäologische Grabungsstätten zu treffen ist hoch, denn zwei Großbaustellen sind quasi allgegenwärtig: der Bau der Nord-Süd-Stadtbahn (s. S. 131) und die Ausgrabungen der Archäologischen Zone (s. S. 79). Sie stellen alle bisherigen archäologischen Projekte in der Domstadt in den Schatten – allein mit dem Bau des unterirdischen Nord-Süd-Stadtbahnstücks gehen die derzeit größten innerstädtischen Ausgrabungen Europas einher.

Unter Kölns Häusern, Straßen und Plätzen verbirgt sich eine 2000 Jahre alte Stadt und die unterschiedlichsten **Relikte** wie Abwasserkanäle, Abfallgruben, Gebäudefundamente, Brunnen, Stadtmauern, Straßenpflasterungen, Balken, Keramikscherben, Münzen, Siegel, Urnen, Waffen, Skelette u. v. m. liegen hier vergraben.

Wo ab – voraussichtlich – 2017 U-Bahnen die Kölner schneller als je zuvor von Nord nach Süd bringen, „stapeln" sich Überreste aus allen Epochen, beginnend mit der Römerzeit. Im Zuge des **Nord-Süd-Stadtbahnbaus** werden über 150.000 m³ Erde von einem Team von rund 100 Archäologen, Bauhistorikern, Technikern, Naturwissenschaftlern, Denkmalpflegern und Helfern untersucht. Die Fachaufsicht führt das Römisch-Germanische Museum ❹.

Bei Arbeiten unter dem Alter Markt ⓫, an dem die Haltestelle Rathaus entstand, fand man ein ca. 8 m²

Das Praetorium war zu römischer Zeit Amtssitz und Residenz eines kaiserlichen Stellvertreters

Überraschungen im Untergrund: Archäologie in der Altstadt

großes Wrackteil vom Boden eines **römischen Transportschiffs**, das Mitte des 1. Jahrhunderts gebaut wurde. Damals war hier noch kein Festland, sondern die Hafenrinne eines Rhein-Nebenarms. Der Lastenkahn maß ca. 22 m Länge und 3,50 m Breite und konnte vermutlich 20 bis 30 Tonnen aufnehmen. Die Römer brachten mit ihm Steine, Bauholz, Nutztiere und Lebensmittel in das alte Colonia. Auch Tausende von Scherben von **Transportamphoren** wurden unter dem Alter Markt geborgen. In diesen Gefäßen wurde Wein und Olivenöl transportiert, aber auch vergorene Fischsoße, die von den Römern als Würzmittel geschätzt war. Die Tonamphoren dienten als „Einwegverpackung", die nach ihrer Leerung so unangenehm rochen, dass sie oft schon am Hafen zerschlagen und in den Fluss geworfen wurden.

In der Baugrube am Kurt-Hackenberg-Platz [H7], an dem das neue U-Bahn-Stück an die alte Trasse angeschlossen wurde, fand man Eichenbalken eines 25 m langen Abschnitts der römischen **Hafenanlage**. Als Kaimauer wurden sie etwa im Jahr 90 in den Flussgrund gerammt und sind erstaunlich gut erhalten. Direkt hinter dem Kai verlief der Ostabschnitt der römischen **Stadtmauer**. Hier stießen Archäologen auf ein ebenfalls hervorragend erhaltenes 30 m langes Mauerstück, in dem einst ein Stadttor, das Hafentor, integriert war. Zum Schutz vor Angriffen der Franken hatten die Römer es im 4. Jahrhundert zugemauert. Unter dem Tor wurde der Auslass des **Hauptentwässerungskanals** der CCAA freigelegt. Diese Funde sollen an Ort und Stelle verbleiben und Besucher sollen sie in einem unterirdischen Raum besichtigen können. Der Erhalt dieser Relikte ist eine besondere technische Herausforderung denn direkt unter ihnen verläuft die U-Bahn-Röhre.

Auch eines der **aufsehenerregendsten Kulturprojekte in Köln** nimmt immer mehr Gestalt an. Mitten in der Altstadt, im Bereich des Rathauses 12 und des Alter Markt 11, vereinen sich römische Herrschaft mit mittelalterlicher Geschichte und jüdischer Besiedlung. An diesem Schnittpunkt der Stadtgeschichte arbeiten Stadt und Land auf einer Fläche von ungefähr 10.000 m² am Museumsbereich der **Archäologische Zone** und des zugehörigen **Jüdischen Museums** – ca. 7500 m² davon sollen unterirdische Ausstellungsfläche werden.

Im südlichen Teil des Rathausplatzes legten Archäologen **Grund- und Kellermauern romanischer und gotischer Bürgerhäuser** frei – alle wurden im Zweiten Weltkrieg zerstört. An der Nordseite wird an Teilen des **römischen Statthalterpalastes** gearbeitet. Auch die einzig erhaltenen Reste der mittelalterlichen Judengasse und der angrenzenden Bebauung wurden freigelegt. Direkt vor dem Rathaus wurden Teile einstiger romanischer und gotischer Wohnhäuser sowie einer **jüdischen Synagoge** ausgegraben und konserviert. Letztere wird in die Zeit vor 800 datiert und ist die älteste bekannte Synagoge nördlich der Alpen. Auch Relikte eines zum jüdischen Viertel gehörenden Hospitals, einer Bäckerei und eines Kultbades birgt der Boden um das Rathaus. Sie bekunden das kontinuierliche Bestehen des jüdischen Viertels von der Antike bis zum Mittelalter, das erst beim Pogrom von 1349 sein Ende fand (s. S. 80).

› www.museenkoeln.de/archaeologische-zone
› www.nord-sued-stadtbahn.de

KÖLN ENTDECKEN

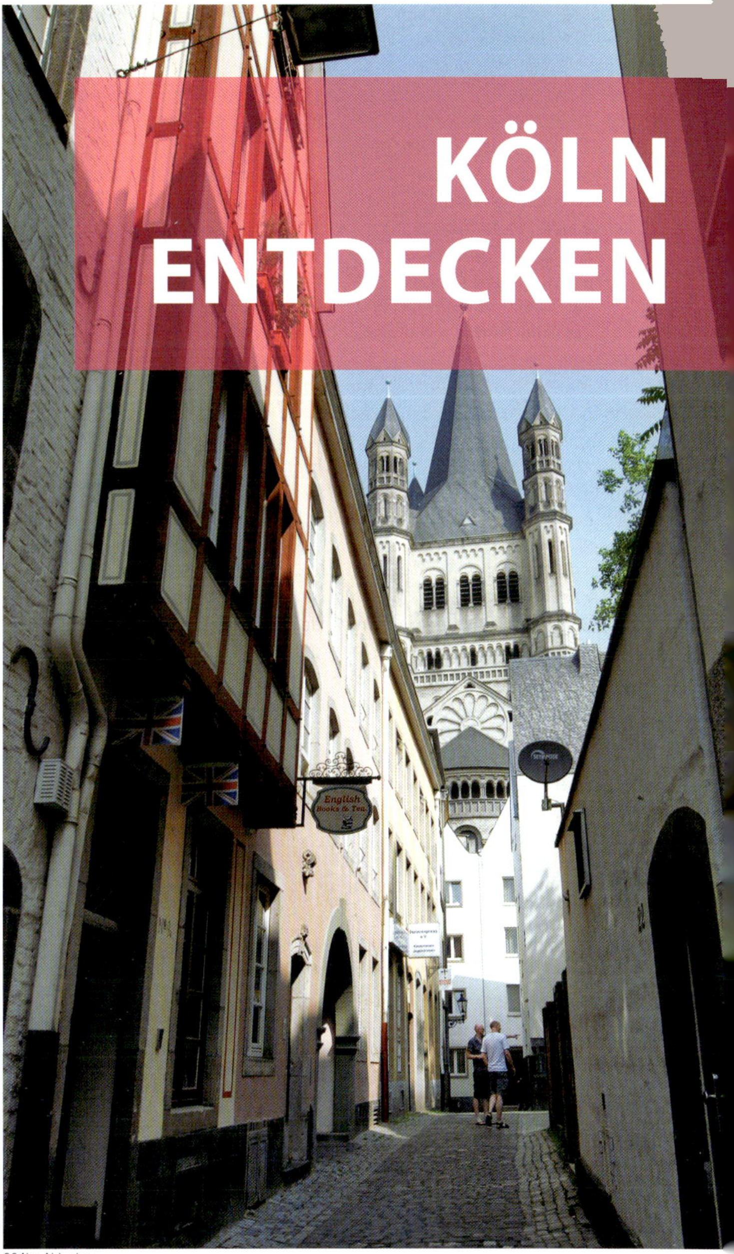

004kn Abb.: kw

Altstadt

Was heißt hier „Alt"? Die Gassen der Kölner Altstadt haben zwar mittelalterliche Namen und wirken historisch gewachsen, tatsächlich ist aber nur wenig der Originalbausubstanz erhalten, denn der Zweite Weltkrieg hatte Trümmerhalden hinterlassen.

Historisch-logisch betrachtet entspricht die Ausdehnung der Kölner Altstadt dem Areal der **Römerstadt**, der Colonia Claudia Ara Agrippinensium. Diese dehnte sich über ca. einen Quadratkilometer innerhalb der folgenden Orientierungspunkte aus: im Norden Burgmauer, Appellhofplatz [G7] und Dom 1, im Osten Römisch-Germanisches Museum 4, Rathaus 12 und Kirche St. Maria im Kapitol 19, im Süden entlang der „Bachstraßen" Mühlenbach [H8/9], Blaubach [H9], Rothgerberbach [G9] und im Westen Griechenpforte [G9], Neumarkt [G8] sowie Römerturm [G7].

In diesem Buch bezieht sich der Begriff „Altstadt" auf das Kerngebiet zwischen dem Rhein und der Fußgängerzone Hohe Straße 7, zwischen den romanischen Kirchen St. Andreas 2 und St. Maria im Kapitol. Die im Westen verbleibenden Gebiete sind im Kapitel Innenstadt zusammengefasst (s. S. 85).

> EXTRAINFO
>
> **Das sonn- und montägliche Besichtigungsdilemma**
>
> Wer **sonntags** den Dom 1 oder romanische Kirchen besichtigen möchte, sollte seinen Besuch außerhalb der Gottesdienst- und Andachtzeiten einplanen.
>
> **Montags** haben viele Museen – genauer gesagt die städtischen – geschlossen, andere wie Domschatzkammer (s. S. 38) und Kolumba 27 haben geöffnet.

- **Anfahrt:** Alle in der nördlichen Altstadt gelegenen Sehenswürdigkeiten erreicht man über die Haltestellen Dom/Hbf bzw. Breslauer Platz/Hbf. Die Buslinien 132, 133, 250 und 260 fahren vom Breslauer Platz/Hbf zum Heumarkt durch die Altstadt.
- **Infos und Webcams:** www.koeln-altstadt.de

1 Hoher Dom zu Köln ★★★ [H7]

Der Kölner Dom – Goethe nannte ihn ein „krausborstiges Ungetüm" – ist die größte gotische Kathedrale der Welt, wohlgemerkt nicht die größte Kirche, denn die steht in St. Petersburg. Der mächtige Bau bildet quasi den Lebensmittelpunkt der Stadt. Weite Teile der Geschichte spielten sich in seinem Schatten – bzw. jahrhundertlang zu Füßen der unvollendeten Baustelle – ab.

Der Dom ist viel **mehr als eine Touristenattraktion:** Er ist Amtskirche des Kölner Erzbischofs, Pfarrkirche, bedeutende Wallfahrtsstätte, gotisches Kunstwerk, UNESCO-Weltkulturerbe, monumentaler Grabbau und Abbild des himmlischen Jerusalem. Geweiht ist er der Gottesmutter Maria und dem Apostel Petrus.

Der Kathedralbau beherbergt zahllose **Gräber**, von denen niemand die genaue Zahl kennt. Die Grabmäler zahlreicher bedeutender Erzbischöfe

Vorseite: Altstadtgasse mit Blick auf Groß St. Martin 8

EXTRAINFO

Dom-Dimensionen

- **Gesamtlänge:** ca. 145 m
- **Gesamtbreite:** ca. 86 m
- **Turmhöhe:** ca. 157 m
- **Umbauter Raum:** ca. 400.000 m³
- **Überbaute Fläche:** ca. 8000 m²
- **Fensterfläche:** ca. 10.000 m²
- **Dachfläche:** ca. 12.500 m²

bis Ende des 18. Jahrhunderts stehen meist in den Chorkapellen oder an den Wänden des Chorrundgangs.

Der Dom birgt außerdem fantastische **Details und Geheimnisse.** So verstecken sich inmitten der Steinmasse Figuren mit Fußballspielern des FC und vollbusige Tanzmariechen, Liebespaare reiten auf einem steinernen Zauberpferd. In den beiden Kirchtürmen befinden sich haushohe Hallen und die Speicher über dem Langhaus sind so riesig, dass dort 68 Güterwaggons Platz finden würden.

Interessant ist auch das **Nebeneinander von Heilig und Heidnisch,** von Himmlisch und Teuflisch, denn in Mitteleuropa herrschte insbesondere in der Zeit der Gotik ein steter Kampf zwischen Gläubigen und Gottlosen. Am und im Dom finden sich sowohl lächelnde Engel als auch Satansfratzen. Geister, Dämonen, Drachen, Vampire oder Fabelwesen sollten böse Mächte abschrecken und man glaubte, durch die Darstellung in Stein seien sie quasi „eingemauert“ und gebändigt.

Baugeschichte des Doms

Das erste sicher belegte Kultgebäude auf dem Domhügel war ein **römischer Tempel**, der bis in das 4. Jahrhundert Bestand hatte. Eine erste **christliche Kultstätte** wurde im sieben Jahrhundert erbaut. Mit der Erhebung Kölns zum Erzbistum erfolgte bis 870 der Neubau einer Hildebold Dom oder auch **Alter Dom** genannten fünfschiffigen Basilika.

1164 ließ Kaiser Barbarossa die Gebeine der **Heiligen Drei Könige** (s. S. 65) von Mailand nach Köln überführen. Wer im Besitz dieser sterblichen Überreste war, verfügte symbolisch gesehen über den Ursprung des christlichen Königtums. Die somit gestiegene Bedeutung der Stadt sollte durch den Bau einer neuen Kathedrale manifestiert werden.

1248 legte Erzbischof Konrad von Hochstaden den **Grundstein** des gotischen Doms. Zuvor sollte der alte Ostteil des Alten Doms mittels Feuer zum Einsturz gebracht werden, doch infolge von Unvorsichtigkeit brannte fast das gesamte Gebäude ab. 1265 waren sieben Chorkapellen vollendet und wurden für Gottesdienste genutzt. Der Chor, der den goldenen Schrein der Heiligen Drei Könige ummanteln sollte, konnte **1322 geweiht** werden.

Danach baute man auf der Südseite des Langhauses weiter. **Ab 1357** begann man mit der Errichtung der **Westfassade** und des **Südturms,** dessen ungeheure Höhe einen Großteil der immensen Baukosten verschlang. Von 1410 an ragte der bis auf 56 m Höhe gewachsene unfertige Stumpf des Südturms in den Himmel. Im 15. Jahrhundert baute man vor allem an den nördlichen Seiten des Langhauses.

1560 kam es zum **Baustopp.** Durch den wirtschaftlichen Niedergang der Stadt fehlte das Geld zum Weiterbau und knapp drei Jahrhunderte stand im Herzen Kölns eine riesige Bauruine. Ein Drehkran auf dem Stumpf des Südturms war das weithin sichtbare

Zeichen des Scheiterns. Das Innere wurde jedoch **als Kirchenraum genutzt** und reich ausgestattet.

Schlimme Zeiten erlebte der Dom während der **französischen Besetzung**, als er der Armee als **Lagerhaus** diente, Holzeinrichtungen verheizt und Kunstschätze entwendet wurden. Erst die **Preußen** brachten die Bauarbeiten wieder in Gang. Für die Protestanten standen religiöse Motive jedoch im Hintergrund. Sie sahen in dem Dom ein Nationaldenkmal der deutschen Einigung. Der preußische König Friedrich Wilhelm IV. legte **1842** den Grundstein zum **Weiterbau.** Es war Ironie der Geschichte, dass es ausgerechnet dem protestantischen Herrscherhaus Preußens gelang, die ewige Baustelle der katholischen Kölner Kleriker in weniger als 40 Jahren zu **vollenden. 1880** war es soweit: Da man sich bei der Fertigstellung genau an die noch erhaltenen Baupläne des Mittelalters hielt, ist der Dom eine **rein gotische Kathedrale,** unbeeinflusst von jüngeren Baustilen.

Die Kreuzblume - ein Modell der Domspitze - vor der Westfassade

Knapp 70 Jahre später tobte der **Zweite Weltkrieg** und während drumherum alles in Trümmer fiel, überstand die Kathedrale die Angriffe relativ gut. Heute setzen Luftverschmutzung und saurer Regen dem Steinkoloss zu. **Verwitterung** ist der größte Feind der Kathedrale. An allen Ecken wird etwas instand gesetzt, konserviert oder durch eine Kopie ersetzt. Gerüste scheinen ein integraler Bestandteil des Doms zu sein. Und damit sich das Sprichwort „An dem Tag, an dem der Dom fertig gebaut ist, geht die Welt unter“ nicht erfüllt, müssen die Bauarbeiten ewig weitergehen ...

Rundgang im Dom

Der Haupteingang des Doms befindet sich an seiner **Westseite.** Diese prächtige, von den beiden mächtigen Türmen flankierte Schauseite misst etwa 7000 Quadratmeter und ist damit die größte Kirchenfassade der Welt. Große Teile entstanden erst während der Fertigstellung des Doms im 19. Jahrhundert, nur die unteren Stockwerke des Südturms gibt es schon seit dem Mittelalter.

Neun Portale gibt es am Dom, drei davon an der Westseite. Das in der Mitte gelegene **Hauptportal** ist meist verschlossen. Über den reich verzierten Bronzeflügeln sieht man am Mittelpfosten eine Statue von Maria mit dem Christuskind. Das links unter dem **Nordturm** gelegene **Dreikönigenportal** dient heute als Ausgang.

In den Dom werden die Besuchermassen durch das unter dem **Südturm** gelegene **Petersportal** geleitet, das als einziges schon im Mittelalter seine Skulpturen erhielt. Bei den meisten handelt es sich allerdings um Abgüsse, denn da die kostbaren Originale zu sehr unter Umwelteinflüssen leiden, werden sie in der Domschatzkammer aufbewahrt.

Alle Tore leiten in die Vorhalle, hinter der sich der **riesige Kirchenbau** öffnet. Das Mittelschiff ist fast 120 m lang und erhebt sich 43 m hoch, ein Wald von Strebebögen umzieht den Raum, über 100 Pfeiler tragen die sternbemalten Gewölbe. Das Licht wird durch riesige bunte Glasfenster verklärt. Eindrucksvolle Architektur: Die Fensterfläche des Doms ist größer als seine Bodenfläche! Jedes Fenster für sich ist ein bemerkenswertes Kunstwerk, zusammen bilden sie einen wertvollen Kunstschatz.

Am Ende des Langhauses verläuft das **Querhaus**, der Grundriss des Doms erhält eine markante Kreuzform. An den Enden des Querhauses liegen je drei weitere Portale, jedoch sind nur die Türen im Norden geöffnet: Man kommt hier zum Hauptbahnhof und zur Schatzkammer. Das auffällig unfigürlich-moderne Fenster an der Querhaus-Südseite wurde erst 2007 eingeweiht. Die mehr als 100 Quadratmeter riesige Glasfläche ist aus 11.263 kleinen mundgeblasenen Farbquadern zusammengesetzt, die eine vibrierende Farbintensität vermitteln sollen.

Der Schnittpunkt des Lang- und des Querhauses, die **Vierung**, wurde ab der Mitte des 20. Jahrhunderts zum liturgischen Zentrum des Doms umgestaltet, hier stehen der wappenverzierte **Thronsitz** für den Erzbischof sowie die Kanzel und der moderne Vierungsaltar.

Vom Querhaus geht der **Rundgang links herum**, unter der Orgelbühne hindurch und vorbei an der Treppe, die hinunter zur Krypta, der Bischofsgruft, und den Ausgrabungen führt (nur im Rahmen von Führungen zugänglich). Nun betritt man den wichtigsten Teil des Doms, den **Chor.** Dieser wurde als Erstes geplant und gebaut, denn er sollte den Dreikönigenschrein beherbergen und so das eigentliche Zentrum des Doms sein. In diesem Sinne wurde alles auf die vorbeilaufenden Pilgerscharen ausgerichtet und man kann im Rundgang durch den Chor gehen.

Schon kurz hinter dem Querhaus sollte man einen Blick auf das 1300 Quadratmeter große **Bodenmosaik** werfen. Erst nach der eigentlichen Fertigstellung des Doms wurde es ab 1890 verlegt.

Nach ein paar Metern folgt **linker Hand des Chorumgangs** die **Kreuzkapelle.** Wertvollstes Stück hier ist

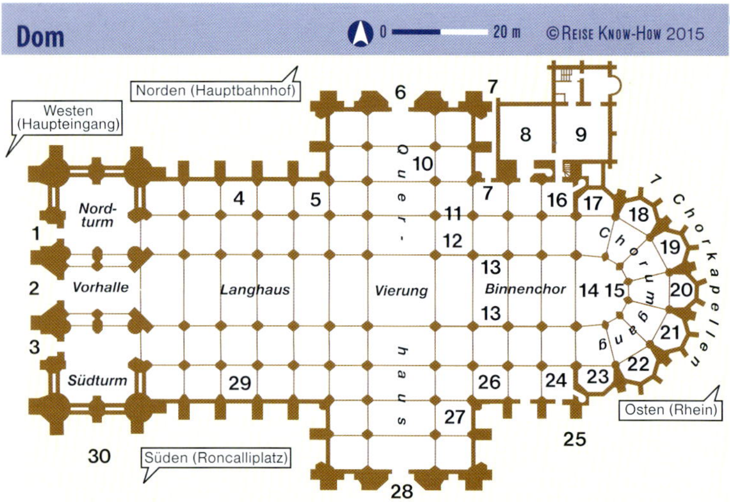

1 Dreikönigenportal (Ausgang)
2 Hauptportal (verschlossen)
3 Petersportal, Turmbesteigung (Eingang)
4 Renaissancefenster
5 Clarenaltar
6 Nordportale (Hbf)
7 Eingang Domschatzkammer
8 Sakramentskapelle
9 Sakristei
10 Dreikönigenaltar, Schmuckmadonna
11 Orgeltribüne
12 Treppe zur Krypta
13 Chorgestühl, Chorschranken
14 Hochaltar
15 Dreikönigenschrein
16 Kreuzkapelle, Gerokreuz
24 Marienkapelle, Lochnerbild
25 Dombauhütte
26 Grabmal Reinald von Dassel
27 Agiolfusaltar
28 Südportale (verschlossen)
29 Bayernfenster
30 Eingang Turmbesteigung

Chorkapellen:

17 Engelbertuskapelle
18 Maternuskapelle
19 Johanneskapelle
20 Dreikönigenkapelle mit Bibelfenster
21 Agneskapelle
22 Michaelskapelle
23 Stephanuskapelle

das über dem Kreuzaltar hängende **Gerokreuz.** Das Kruzifix ist das älteste erhaltene Großkreuz des Abendlandes. Von byzantinischen Kreuzigungsdarstellungen aus Konstantinopel inspiriert, zeigt sich der Körper Jesu auffallend plastisch und realistisch. Seine würdevollen Gesichtszüge bilden nicht einfach die Kreuzigung oder Todesleiden ab, sondern vielmehr die Erlösung der Menschheit. Ebenfalls auffallend: Die Dornenkrone fehlt. Die barocke Rahmung mit den goldenen Strahlen und der Altar entstanden erst im 17. Jahrhundert. Eine Tür führt zur **Sakramentskapelle,** einem kostbaren Kleinod hochgotischer Innenarchitektur, das einst als Kapitelsaal und Sakristei diente.

Rechts des Chorumgangs liegt der prachtvolle innere Bereich des Chors, der **Binnenchor**, der durch schmiedeeiserne Gitter abgetrennt und nur im Rahmen einer Führung zugänglich ist. An der Spitze des Binnenchors, genau in der Mittelachse des Doms, steht der **größte und berühmteste Reliquienschrein des Abendlandes**, der **Dreikönigenschrein**. In ihm ruhen die Gebeine der Heiligen Drei Könige – jedenfalls allen Vermutungen nach. 1164 brachte der Kölner Erzbischof Reinald von Dassel diese Reliquien in seine Residenzstadt an den Rhein. Von Dassel – zugleich Erzbischof sowie Kanzler und Heerführer von Kaiser Friedrich Barbarossa – hatte Barbarossa auf seinen Raubzügen nach Italien begleitet. Nach der Belagerung und Plünderung des aufständischen Mailand schenkte ihm der Kaiser einen als Kriegsbeute geraubten Sarg mit den Gebeinen der „Magier aus dem Morgenland". Köln wurde zu einer bedeutenden Wallfahrtsstätte der Christenheit, zu einem „zweiten Rom": Durch geschickte Werbung strömten bald scharenweise Pilgertouristen zu dem Grab im Alten Dom, der schnell zu eng wurde. Genau wie ein Schrein aus Gold und Silber die Reliquien ummanteln sollte, so sollte eine prachtvolle Kathedrale den Schrein bergen.

Ebenfalls **im Binnenchor**, westlich des Goldschreins, befindet sich der **Hochaltar**, einer der größten der Christenheit. Die Altarplatte aus schwarzem Marmor ist rund 30 cm dick und wiegt 7 Tonnen. Ringsum stehen unter Arkaden aus weißem Carrara-Marmor die Figuren der 12 Apostel und anderer Heiliger.

Das 1311 aus Eichenholz gefertigte **Chorgestühl** ist mit seinen 104 Plätzen das größte in Deutschland (nur im Rahmen einer Führung zugänglich; Tipp für die Besichtigung: Taschenlampe mitnehmen). Hier saßen das Domkapitel sowie weitere hohe Kirchenmänner, je ein Sitz war für Papst und Kaiser reserviert. Heute bleiben die Sitze meist leer.

Die hinter dem Gestühl aufragenden **Chorschranken** tragen auf der Innenseite farbige Bilderzyklen. Seit ihrer Entstehung Mitte des 14. Jh. sind sie noch nie übermalt worden. Ebenfalls noch im Originalzustand sind die 15 knapp 18 Meter hohen **Obergadenfenster**, deren 3000 Scheiben und 220.000 Einzelgläser die 48 Könige des Alten Testaments zeigen.

Der Weg **im Chorumgang** führt am **Kapellkranz** vorbei. An den Außenseiten liegen **sieben Kapellen**. Jede hat ihr eigenes Aussehen und ist mit Glasfenstern, Wandmalereien, Tafelbildern und Skulpturen geschmückt. In jeder steht ein Altar, in jeder ist eine bedeutende Persönlichkeit, meist ein Erzbischof oder Heiliger, beigesetzt. Die Zahl 7 ist nicht zufällig, sie bezieht sich auf die sieben Tage der biblischen Welterschaffung.

KURZ & KNAPP

Die Heiligen Drei Könige

Vermutlich sind die Gebeine von Caspar, Melchior und Balthasar durch „klerikalen Knochenklau" 1164 nach Köln gekommen und ruhen im unbezahlbaren **Dreikönigenschrein** mitten im Dom. Die Kölner bauten ihnen eine gigantische Kathedrale und scharenweise kamen, bestärkt durch ihren Glauben, Pilger nach Köln, denn wer in den Himmel wollte, musste vorher unbedingt die Wunderkraft der Heiligen Drei Könige empfangen.

Bedeutungsvoll ist die **Dreikönigenkapelle** in der Längsachse. 1261 wurde hier Konrad von Hochstaden bestattet, der 1248 den Grundstein des gotischen Doms gelegt hatte. Später wurde sein Grab verlegt, weil man den Platz für den Dreikönigenschrein brauchte. Das etwa 17 m hohe **Mittelfenster** wurde um 1260 eingebaut und ist damit das **älteste des Doms.**

Hinter der letzten Chorkapelle liegt linker Hand die **Marienkapelle.** Wertvollstes Ausstattungsstück ist der **Altar der Stadtpatrone.** Dieses farbenfrohe Tafelbild wurde um 1445 von Stefan Lochner erschaffen und zeigt im Zentrum die Huldigung Marias und des Jesuskinds durch die Heiligen Drei Könige. Die Seitenflügel bilden im ausgeklappten Zustand **St. Ursula** (links) und **St. Gereon** (rechts) ab, die beiden **Stadtpatrone von Köln.**

Gegenüber dem Altarbild findet sich an der Außenwand des Doms das **Hochgrab des Erzbischofs Reinald von Dassel**, der die Gebeine der Heiligen Drei Könige nach Köln brachte. Hinter der Marienkapelle endet der Chorumgang.

Turmbesteigung

Rechts vom Haupteingang (Westfassade) kann man die **Aussichtsplattform** des Dom-Südturms besteigen. Eindrucksvoll ist schon der Zugang zum Ticketschalter, denn er führt durch einen Durchlass des meterdicken **Domfundaments.** Auch Mauerreste eines einstigen **römischen Kellergewölbes** aus dem 2./3. Jahrhundert sind zu sehen.

078kn Abb.: kk

Altstadt-Aussicht vom Domturm aus

Freud und Leid liegen eng beieinander, denn bis man Kölns herrlichste Aussicht genießen kann, müssen **101 Meter und 533 Stufen** erklommen werden (Tipp: Feste Schuhe anziehen und Gepäck in den Schließfächern am Ticketschalter deponieren). Etwa auf halber Höhe kommt man an der Glockenstube mit den Domglocken vorbei, darunter auch eine der größten frei schwingenden Kirchenglocken der Welt, die 24 Tonnen schwere Petersglocke – der „dicke Pitter".

Ausgrabungen

Interessant ist auch die Unterwelt des Doms mit Gräbern und Grüften, Kellern und Kammern. Der Grund unter der Kathedrale birgt noch immer Geheimnisse, bis heute unentdeckt ist beispielsweise der Grundstein. Auf verschiedenen Ebenen stieß man auf Gebäudereste und **Brunnen aus der Römerzeit, Gräber der Frankenzeit, Fundamente und Mauerreste des Alten Doms** und gotische Turmsockel.

Kaum zu glauben: Unter den Kirchtürmen ist das **Fundament** bis zu 17 m dick – hier befindet sich die gleiche Steinmenge, wie oberirdisch von ihnen sichtbar ist. Teile der Aus-

grabungen können im Rahmen einer **Führung** besichtigt werden.

Domschatzkammer

Zahlreiche **Stücke des Kölner Domschatzes** werden in einem ca. 700 Jahre alten Gewölbekeller an der Nordseite der Kathedrale aufbewahrt. Auf der riesigen Fläche verteilen sich kostbare **Reliquien und Schätze, liturgische Geräte und Gewänder sowie Insignien** der Erzbischöfe und Domgeistlichen vom 4. Jahrhundert an, außerdem mittelalterliche Skulpturen und fränkische Grabfunde. Mindestens genauso interessant: die **unterirdische Architektur** mit Resten der römischen Stadtmauer und wieder verwendeten Steinen vom Vorgängerbau des Doms sowie Fundamenten des gotischen Doms.

Rundgang um den Dom

Als **Domplatte** wird der Platz vor und um den Dom herum bezeichnet. Gegenüber dem Haupteingang (im Westen) steht die riesige **Nachbildung einer der Kreuzblumen,** die die Domspitzen krönen. Sie wird von zwei Infostellen – KölnTourismus (s. S. 116) und Domforum (s. S. 68) – flankiert.

Im Norden (Richtung Haupteingang blickend links des Doms) steht der **Rest eines alten römischen Stadttores** und nur einen Steinwurf entfernt befindet sich der **Hauptbahnhof.** Domplatte und Bahnhofsvorplatz sind durch eine große Treppe verbunden. An dieser Seite des Doms kann man auch in die **Domschatzkammer** eintreten.

Der Bereich im Osten, um den 1925 angelegten Domherrenfriedhof, wo die Mitglieder des Domkapitels ruhen, wird bis voraussichtlich 2015 aufwändig umgestaltet. Ziel ist es, dem Dom als Weltkulturerbe sowohl auf der Straßenebene, als auch auf der erhöhten Domebene ein würdigeres und lichtes Umfeld zu schaffen. Nur ein paar Meter weiter kommt man zum **Heinrich-Böll-Platz** samt dem **Museum Ludwig** 5.

Direkt an der Südseite des Doms versucht die quasi eine Etage tiefer gelegene **Dombauhütte** mit über 100 Handwerkern den Verfall des betagten Gotteshauses in Grenzen zu hal-

Geschafft! Nach 533 Stufen ist der Ausblick auf Köln doppelt so schön.

Praktische Infos zum Dom

- **Kölner Dom,** Domkloster 4 (Altstadt), Tel. 92584720 (Domforum, Infoband), Tel. 17940200 (Pfarramt), www.koelner-dom.de, www.dombau-koeln.de, www.dom-fuer-kinder.de, geöffnet: Nov.-Apr. 6-19.30, Mai-Okt. 6-21, So. 13-16.30 Uhr. Während der Gottesdienste ist keine Besichtigung möglich. Während der Beichten besteht kein Zugang zum Chorbereich. Eintritt: frei.
- **Haltestelle:** Haltestelle Dom/Hbf (DB, Stadtbahn, S-Bahn) oder Breslauer Platz (Stadtbahn, Bus).

ℹ149 [H7] **Domforum,** Domkloster 3 (Altstadt), Haltestelle: Dom/Hbf, Tel. 92584730 und 92584720 (Infoband), www.domforum.de, geöffnet: Mo.-Fr. 9.30-18, Sa. 9.30-17, So. 13-17 Uhr. Besucherzentrum für den Dom und andere Kölner Kirchen.

- **Gottesdienste:** Mo.-Sa. 6.30, 7.15, 8, 9, 18.30 Uhr heilige Messen, 12 Uhr Mittagsgebet; sonn- und feiertags: 7, 8, 9, 12, 17, 19 Uhr heilige Messen
- **Beichtgelegenheit:** Mo.-Fr. 7.45-9, Sa. 14-18 Uhr
- **Öffentliche Führungen im Dom** (auf Deutsch, ca. 45 min): Mo.-Sa. 11, 12.30, 14, 15.30 Uhr, sonn- und feiertags 14, 15.30 Uhr, 7 €, Treffpunkt Haupteingang innen, kurzfristige Änderungen möglich, weitere Informationen beim Domforum
- **Turmbesteigung:** Nov.-Febr. 9-16, März/Apr./Okt. 9-17, Mai-Sept. 9-18 Uhr, Eintritt: 3 €
- **Öffentliche Führungen Ausgrabungen,** Ohne Voranmeldung: Mo./Mi./Fr./Sa./So. 15 Uhr, Tel. 17940555, ca. 1,5 Std., 12 €, mit Voranmeldung: Di./Do. 16.15, Sa. 11 Uhr, Tel. 92584730, 12 €
- **Öffentliche Führungen über das Dach:** nur nach Anmeldung (Termin ca. 3 Monate im Voraus buchen!) Mo./Mi. 17, Sa. 11 Uhr, 10 €, Tel. 17940555
- **Domschatzkammer:** Tel. 17940300 oder 17940530, 10-18 Uhr, Eintritt: 5 €
- **Dommusik:** www.koelner-dommusik.de
- **Domradio:** UKW 101,7, www.domradio.de
- **Verlag Kölner Dom:** www.verlag-koelner-dom.de. Dom-Bücher und -Postkarten.
- **Domkloster 4:** Souvenirläden mit Dom-Artikeln am Roncalliplatz, am Eingang zum Südturm und an der Domschatzkammer. Wer hier kauft, unterstützt die Restaurierung der Kathedrale.

ten. Gegenüber liegt das **Römisch-Germanische Museum** ❹. Ein Blick durch die große Fensterscheibe an der Ecke zum **Roncalliplatz** lohnt, denn man kann die zwei berühmtesten Ausstellungsstücke sehen: das Grabmal des Poblicius und das Dionysos-Mosaik. An der Südseite des Doms befindet sich auch das noble Dom Hotel und von hier verläuft die **Fußgängerzone Hohe Straße** ❼ nach Süden.

Nördliche Altstadt

Rund um den Dom liegt der nördliche Teil der Kölner Altstadt. Römische Relikte bekunden das Alter dieses Stadtteils. Neben der historischen Spannbreite bietet die nördliche Altstadt auch gegenwärtige Geschäfts- und Gastronomievielfalt sowie zeitgenössischen Kunstreichtum. Im Osten schmiegt sich der Rhein an und bietet einen malerischen Anblick.

❷ Kirche St. Andreas ★★ [H7]

Eingeklemmt zwischen Großbankhäusern und im Schatten des Doms ❶ wird die **romanische Kirche St. Andreas** leicht übersehen, doch ein Besuch lohnt, denn sie überrascht mit innerer Schönheit. Bedingt durch eine rund 300-jährige Bauzeit vereinen sich diverse Baustile.

Wahrscheinlich gab es schon im 9. Jahrhundert an dieser Stelle – in der Vorstadt, vor der römischen Stadtmauer (an der gegenüberliegenden Seite der Komödienstr. gut zu erkennen) – eine **Kapelle.** Erzbischof Bruno ließ hier eine dem Apostel Andreas gewidmete Kirche errichten, die im Jahr 974 geweiht wurde und fortan zu einem Herrenstift gehörte.

Im **Inneren** überrascht der Kontrast zwischen dem kurzen, gedrungenen Langhaus und dem lang gestreckten, hohen Chor. Vielfältige Ornamente und figürliche Kapitelle beleben den Raum, verschiedenfarbige Steine betonen die Säulen. Die Schlusssteine des Gewölbes tragen fein gearbeitete Figuren, unter ihnen auch der Kirchenpatron, der Apostel Andreas.

Im südlichen Querschiffarm steht der prachtvolle **goldbeschlagene Machabäerschrein,** der 1527 in Form einer Kapelle vollendet wurde. Mit den Gebeinen der Heiligen Drei Könige sollen auch die Reliquien der im Alten Testament erwähnten sieben Machabäerbrüder und ihrer Mutter im Jahr 1164 durch Erzbischof Reinald von Dassel nach Köln überführt worden sein.

In der an die Krypta angegliederten **Grabkapelle** ist der hl. Albertus Magnus in einem Steinsarkophag beigesetzt ist. Er war ein bedeutender Gelehrter des Mittelalters und Mönch im damals nahe gelegenen Dominikanerkloster. Während der französischen Besatzung wu
nikaner vertrieben ur
Andreas Zuflucht – b
ein Dominikanerkonvent beheimatet.

› Komödienstr. 4–8, Tel. 160660, www.sankt-andreas.de, geöffnet: 8–18 Uhr

❸ Römisches Nordtor, römische Stadtmauer und Domfundament ★ [H7]

Auf der Domplatte, nahe der nordwestlichen Ecke des Doms ❶, kann man sich die Überreste des **nördlichen römischen Stadttores** ansehen. Dabei handelt es sich allerdings nur um die bescheidenen Teile des Seiteneingangs. Die gesamte Befestigungsanlage samt 10 m hohem Hauptportal und zwei Seitentoren war über 30 m breit. Von hier führte eine befestigte Straße nach Norden bis nach Xanten.

Das Nordtor wurde in der zweiten Hälfte des 1. Jahrhunderts erbaut und stand bis Ende des 19. Jh. an seinem ursprünglichen Standort. Ein paar **Reststücke** wie etwa der Haupttorbogen wurden später im Römisch-Germanischen Museum ❹ aufgebaut. Auf diesem Bogen ist die Inschrift CCAA eingemeißelt, für „Colonia Claudia Ara Agrippinensium" (s. S. 47).

Interessantes birgt auch der **Untergrund:** Gegenüber von KölnTourismus (s. S. 116) kann man durch eine Eisentür in die Tiefgarage unterhalb der Domplatte eintreten und sich die Stelle unter dem einstigen Tor ansehen. Zunächst stößt man dort auf Reste des Fundaments und der östlichen Wand des ehemaligen römischen Nordtores. Im Osten schließen sich Ruinen der **römischen Stadtmauer** und **Fundamente des nördlichen Domturmes** an.

Fundamente des Dom-Südturms sowie Mauerreste eines einstigen römischen **Kellergewölbes** kann man auch am Eingang zur Dom-Turmbesteigung (s. S. 66) sehen. Der Weg zum Ticketschalter der Turmbesteigung führt durch einen mächtigen, in Rundform gestalteten Durchlass der meterdicken Fundamentwand.

4 Römisch-Germanisches Museum ★★★ [H7]

In diesem Museum, einem der bestbesuchten in Deutschland, wird ausführlich die Historie Kölns und des Rheinlands von der Vorgeschichte über die römische Herrschaft bis zur Frankenzeit dokumentiert.

Geschirr und Küchenutensilien, Werkzeuge, Spielzeug, Münzen und Schreibfedern vermitteln interessante Einsichten in das **Alltagsleben** der Germanen, Römer und frühen Christen. Formidabel sind die Exponate zur römischen Glasmanufaktur, welche in Köln formvollendet gefertigt wurden. Ähnlich ruhmreich ist die Schmucksammlung.

Highlights sind das Grabmal des Poblicius und das Dionysos-Mosaik, die beide auch von außen durch die Fensterscheibe des Museums gut sichtbar sind (vom Roncalliplatz).

Das 15 m hohe **Grabmonument** ließ Lucius Poblicius, ein römischer Soldat, der sich nach seiner Pensionierung im Oppidum Ubiorum (s. S. 45) niederließ, um 40 n. Chr. für sich und seine Familie errichten. Mächtige Kalksteinquader mit Reliefschmuck und Teile großer Figuren wurden 1967 bei einer Kellererweiterung in einem Wohnhaus nahe der Severinstorburg 45 im Süden der Stadt entdeckt (dort liegt ein ausgedehntes römisches Gräberfeld).

Schon 1941 hatte man ebenfalls zufällig ein Meisterwerk römischer Kunst entdeckt: Bei Arbeiten an einem Luftschutzbunker stieß man auf das **Dionysos-Mosaik.** Es ist 70 m² groß, besteht aus rund 1,5 Millionen Steinchen und wurde genau an seiner heutigen Stelle um 225 n. Chr. als „steinerner Teppich" geschaffen. 32 Bildfelder sind durch ein kompliziertes geometrisches Muster verbunden und zeigen Szenen aus dem römisch-antiken Sagenkreis sowie von feucht-fröhlichen Tafelrunden.

› Roncalliplatz 4, www.museenkoeln.de/roemisch-germanisches-museum, Tel. 22124438, geöffnet: Di.–So. 10–17 Uhr, jeden ersten Do. im Monat 10–22 Uhr, Eintritt: 6 €

5 Museum Ludwig ★★★ [H7]

Das Museum Ludwig ist eines der bekanntesten Museen Deutschlands und bietet Kunst des 20. und 21. Jh. Gegenwartskunst wird in Form von Malerei, Skulpturen, Installationen und Medienkunst präsentiert.

Beeindruckend sind vor allem die Werke von Pablo Picasso – mit rund 1000 Gemälden, Grafiken und Plastiken beherbergt das Museum die **drittgrößte Picasso-Sammlung der Welt.** Sie umfasst einen Querschnitt aller Schaffensphasen des Künstlers sowie aller Materialien und Techniken.

Seinen hohen Bekanntheitsgrad besitzt das Museum unter ande-

Das Museum Ludwig zeigt bedeutende Gegenwartskunst

rem auch wegen der herausragenden **Sammlung amerikanischer Kunst** – gezeigt wird die größte Pop-Art-Sammlung außerhalb der USA. Die Sammlung zur **russischen Avantgarde** ist die wichtigste öffentliche Sammlung russischer Kunst im Westen. Die **Grafische Sammlung** zählt rund 3000 Zeichnungen, Aquarelle, Gouachen und Collagen sowie rund 10.000 Druckgrafiken. Ebenfalls ausgestellt sind **Minimal und Conceptual Art, Bauhaus, Dada, abstrakter Expressionismus** und **Farbfeldmalerei.**

Das Museum besitzt zudem eine der bedeutendsten Sammlungen zur Kunst- und Kulturgeschichte der **Fotografie,** diese wird zwar nicht ständig präsentiert, ist aber regelmäßig in Sonderausstellungen zu sehen.

› Heinrich-Böll-Platz, Tel. 22126165, www.museum-ludwig.de, geöffnet: Di.–So. 10–18, jeden ersten Do. im Monat 10–22 Uhr, Eintritt: 11 €

6 Heinzelmännchenbrunnen ★ [H7]

Es waren einmal nette **Zwerge,** sie erledigten freudig die Arbeit der Kölner Handwerker. Doch eines Nachts war eine Schneidersfrau zu neugierig und verschreckte die kleinen Männchen, sodass die Kölner wieder selbst ans Werk gehen mussten. Dieser Brunnen veranschaulicht die Sage in **acht Szenen in Sandstein.** Er befindet sich am nördlichen Ende der Straße Am Hof, nur wenige Gehminuten vom Roncalliplatz am Dom entfernt.

7 Hohe Straße ★★ [H7]

Die Hohe Straße ist eine der drei **Fußgängerzonen** Kölns. Sie ist etwa einen Kilometer lang, verläuft parallel zum Rhein und verbindet den Wallrafplatz am Dom 1 mit der Schildergasse 20. In der Hohen Straße reiht sich ein Geschäft an das andere und bei gutem Wetter drängen sich die Besucher dicht an dicht.

033kn Abb.: kw

Martinsviertel

Der zentrale Altstadtbereich zwischen Rhein und Rathaus, Hohenzollern- und Deutzer Brücke ist das Martinsviertel. Seine hochgiebligen schmalen Häuser sind das Aushängeschild Kölns. Allerdings ist dies nicht der älteste Teil der Stadt, denn erst im Mittelalter siedelten sich Kaufleute und Händler in dieser vom Hochwasser gefährdeten Niederung an.

Zeitreise zurück: Zur Römerzeit und im Mittelalter floss durch das Zentrum der Altstadt der Rhein – ein Seitenarm des Flusses umspülte eine flache **Insel.** Sie lag im Bereich östlich der romanischen Kirche Groß St. Martin ❽ und erstreckte sich von der heutigen Hohenzollernbrücke bis kurz vor die Severinsbrücke. Der ruhige Seitenarm stellte einen idealen Naturhafen dar, in dem im 1. Jh. Kriegs- und Transportschiffe der Römer ankerten (im 2. Jh. wurde der Hafen an den offenen Strom verlagert). Auf der Insel unterhielten sowohl Römer als auch Kaufleute späterer Zeiten Lagerhallen. Doch der **Rheinarm versandete** und versumpfte zunehmend, weswegen er bis Mitte des 10. Jh. nach und nach mit Bauschutt und Abfällen aufgefüllt wurde. Die Flussinsel wuchs somit an die Stadt an, Kaufleute siedelten sich auf dem Neuland an und die Stadtmauer wurde zum ersten Mal zum Rhein hin erweitert.

Es folgte eine wirtschaftliche Boomzeit, die **Nähe zum Rhein** machte Köln zu einem **idealen Handelsplatz** und das Stapelrecht (s. S. 72) war lange Jahre Garant für einen blühenden Warenumschlag. Ab der Mitte des 16. Jahrhunderts begann jedoch der **Niedergang.** Im 19. Jh. war das Martinsviertel zum Elendsquartier verkommen und die Wirtschaftskrise nach dem Ersten Weltkrieg trug ihr Übriges zum Verfall bei. Viele Häuser wa-

Riesen-Reibach für Köln: das Stapelrecht

Im Spätmittelalter kamen Waren aus ganz Europa durch Köln und insbesondere der Rhein schuf günstige Handelsvoraussetzungen. Von entscheidender Bedeutung für die Wirtschaftskraft Kölns war das Stapelrecht, das 1259 durch Erzbischof Konrad von Hochstaden verliehen und 1355 durch Karl IV. kaiserlich verbrieft wurde. Dabei handelte es sich um raffiniert legalisierte ***Wegelagerei.***

Bei Köln mussten die von rheinabwärts kommenden Waren von seetüchtigen und tiefgängigen Segelschiffen auf flache, wendige Lastkähne ***umgeladen*** *– und oftmals auch* ***umgepackt*** *werden. In Köln lud man die Waren wie beispielsweise Tuche, Pelze, Gewürze, Fisch, Speck, Öl, Wein, Käse, Eisen, Blei, Stahl, Vieh und vieles mehr aber nicht nur um, sondern man „stapelte“ sie: Drei Tage lang wurden sie ausgestellt und Kölner Händler hatten das* ***Vorkaufsrecht*** *und nur sie durften die Waren auf den Märkten (Alter Markt ⓫ und Heumarkt ⓰) verkaufen. Zudem wurde alles vermessen, gewogen, geteilt, dann neu verpackt und bekam einen Kölner Wappenstempel. Dafür wurden die Händler von der Stadt durch Zölle und Gebühren kräftig zur Kasse gebeten.*

ren baufällig, insbesondere das Gebiet nahe am Rhein galt als sozialer Brennpunkt und Rotlichtviertel.

In den 1930er-Jahren wollten die **Nazis** diesen Schandfleck zu einer mustergültigen deutschen Altstadt formen. Sie kombinierten Stadtentwicklung, **Sanierung** und Arbeitsplatzbeschaffung und brachten eine neue Harmonie in die Rheinfront. Zahlreiche Häuser wurden abgerissen und im „alten Stil" – oder was man dafür hielt – neu errichtet. Dabei beachtete man alte Grundstücks- und Straßenschnitte. Immerhin: Dieser Aufbau gelang ohne die sonst typisch faschistische Monumentalästhetik.

Doch der **Bombenhagel des Zweiten Weltkriegs** zerstörte rund 90 % des Martinsviertels. Es folgte ein erneuter Aufbau, wieder wurden alte Grundstücks- und Straßenschnitte eingehalten. Auch moderne Wohnbauprojekte wurden verwirklicht. Im Erdgeschoss vieler Häuser dominieren heute Restaurants, Kneipen und Bars – das sanierte und herausgeputzte Martinsviertel ist vor allem ein **Tummelplatz für Touristen.**

› **Anfahrt:** Alle Sehenswürdigkeiten im Martinsviertel erreicht man über die Haltestellen Dom/Hbf bzw. Rathaus bzw. Heumarkt.

8 Kirche Groß St. Martin ★★ [I7]

Die romanische Kirche mit ihrem mächtigen, reich verzierten Vierungsturm und dem markanten **Kleeblattchor** ist ein Wahrzeichen des Altstadtpanoramas. Im Zweiten Weltkrieg wurde sie großflächig zerstört und erst 1985 konnten wieder Gottesdienste abgehalten werden. Nur wenige Ausstattungsstücke haben sich erhalten, entsprechend spartanisch zeigt sich heute die Inneneinrichtung.

Obwohl sich hier zur Römerzeit noch eine Rheininsel befand, war diese schon bebaut: Im 1. Jh. wurde vor Ort eine Sportstätte samt Schwimmbassin betrieben. Nachdem vermutlich Fluten die Anlagen zerstörten, erhöhten die Römer den Untergrund und bauten vier Speicherhallen. Steinrelikte des Lagerhallenbodens, der Wandmauern und Mittelpfeiler sowie Einfassungen des älteren Badebeckens können im Untergrund der Kirche besichtigt werden.

Die weiteren historischen Ereignisse sind ungewiss, vermutlich wurde der südöstliche Teil der Hallen zur späteren Frankenzeit zur Kapelle **umgestaltet.** Durch Chroniken gesichert ist, dass Erzbischof Bruno auf dem inzwischen an das Festland angegliederten Gelände ein Stift gründete, das wenig später in ein Benediktinerkloster umgewandelt wurde. Die Kirche war dem **hl. Martin** geweiht, der aus den Volksbräuchen

081kn Abb.: kk

Der mächtige Vierungsturm von Groß St. Martin reckt sich weit in den Kölner Himmel

Kölner Kultfiguren

Hänneschen und Bärbelchen *sind die Lieblinge vieler Kölner. Im Hänneschen Theater (s. S. 36) am Eisenmarkt treten sie als Stockpuppen in unterschiedlichen Rollenspielen auf: In den nachmittäglichen Kindervorstellungen sind sie ein Geschwisterpaar, in den Abendvorstellungen für Erwachsene ein kölsches Liebespaar.*

Tünnes und Schäl *sind listig-derbe Vertreter Kölner Männlichkeit und verkörpern das, was Hunderttausenden von Kölnern von Geburt im Blut liegt: kölnische Eigentümlichkeiten, die für Nicht-Kölner mitunter schwer verständlich sind, wobei die Grenze zur Dreistigkeit schnell überschritten wird. Im Hänneschen Theater erwachen sie zum Leben und als lebensgroße Bronzefiguren stehen sie auf dem Platz vor der Kirche Groß St. Martin* **8** *als beliebtes Fotomotiv bereit.*

rund um den Martinsabend am 10. November bekannt ist (Infos: www.heiliger-martin.de). Nachdem ein großer Stadtbrand das Kloster 1150 zerstört hatte, wurde mit dem Bau in Form der heutigen Kleeblattarchitektur begonnen.

› An Groß St. Martin, Tel. 16425650, www.romanische-kirchen-koeln.de, geöffnet: Di. bis Sa. 9–19.30, So. 13–19.30 Uhr

9 Frankenwerft, Rheingarten, Am Bollwerk ★★ [I7]

Frankenwerft nennt sich Kölns Postkarten-Uferabschnitt zwischen der Hohenzollernbrücke und der Deutzer Brücke. Schwer vorstellbar ist, dass bis 1983 der Autoverkehr Uferpromenade entlangbrauste. Dank des Rheintunnels (bei Hochwasser verschließbar) kann man heute am Rhein spazieren gehen und das Panorama genießen. Hier fahren auch Ausflugsboote ab (s. S. 126).

In vergangenen Jahrhunderten wurde der Hauptteil der wirtschaftlichen Aktivitäten Kölns an der Frankenwerft abgewickelt. Handelsschiffe legten am befestigten Uferlauf an und brachten Waren aller Art in die Stadt. Mithilfe von Kränen wurden die Schiffe ent- und beladen. Am Rheinufer standen große Handelshäuser, Hotels boten Kaufleuten Bewirtung.

Bei gutem Wetter ist der **Rheingarten**, der sich von den zum Museum Ludwig **5** hinaufführenden Treppen am Fluss entlang nach Süden zieht, bei Jung und Alt beliebt. Eine Art skulpturale Erlebnislandschaft aus Stein- und Bronzequadern sowie wellenförmigen Pflastersteinhügeln bietet viele Sitzgelegenheiten und einen Wasserspielplatz.

Der Plattenweg und die Basaltblöcke auf dem Rasen verdeutlichen den Verlauf der ab 950 errichteten mittelalterlichen Stadtmauer zum Rhein hin.

Etwas vom Ufer entfernt kann man entlang der Gasse **Am Bollwerk** (sowie in ihrer nördlichen Verlängerung, die Am Frankenturm heißt) in einem der zahlreichen Restaurants oder Cafés Platz nehmen und zu Speis und Trank den Panoramablick genießen. Diverse kleine Altstadthotels bieten Unterkunft an.

10 Fischmarkt ★★★ [I7]

Dieser oft fotografierte Altstadtplatz besticht durch die imposante Aussicht auf Groß St. Martin **8** *und die bunten Giebelhäuser. Hier lohnt es zu verweilen. Cafés und Restaurants bieten ihren Service an, man kann sich aber auch einfach auf den*

Rasen vor dem Rheinufer setzen und die Szenerie auf sich wirken lassen.

Die schmucken, **bunten Häuschen** am Platz waren im Zweiten Weltkrieg zerstört worden und mussten wieder aufgebaut werden. Die Kranbalken an den Giebeln erinnern noch daran, dass sie einst Kaufleuten gehörten. Flaschenzüge zogen Waren hoch in die Speicher zur Lagerung. Dass die Häuser so schmal sind, hängt mit den mittelalterlichen Steuergesetzen zusammen: Es kam bei der Besteuerung allein auf die Grundstücksbreite an.

Zwischen dem 13. und dem 19. Jahrhundert wurde auf diesem Platz der Fischmarkt abgehalten, ein **Brunnen** wurde entsprechend mit Fischen und Figuren von Verkäuferinnen (und mit einer versteckten Wassernixe) verziert.

Am Fischmarkt stehen in Form eines Turmes auch die Überreste eines früheren Lagerhauses für Fisch und sonstige schnell verderbliche Waren, das **Stapelhaus.** Der im 19. Jahrhundert ergänzte Turm schließt sich an den heutigen Nachkriegsbau an, der das Haus des Kölner Handwerks beherbergt.

Rund um den Alter Markt

Der Alter Markt 11 (wie auch der im Süden gelegene Heumarkt 16) diente im Mittelalter als Marktplatz. Hier wurden vornehmlich Frischwaren für den täglichen Bedarf gehandelt. 988 findet der Platz erstmals Erwähnung.

Zu römischen Zeiten lagen sowohl Alter Markt als auch Heumarkt noch quasi auf dem Grund einer **Nebenrinne des Rheins** und die Römer siedelten auf höher gelegenem Terrain weiter westlich. Neben dem Rathausturm lässt eine Treppe den Höhenunterschied zwischen dem Alter Markt und der alten Römerstadt deutlich werden. Ab Mitte des 10. Jh. war die Rheinrinne verlandet, wurde zugeschüttet und die Besiedlung des Neulands begann.

Das Areal gleicht einem **Brennpunkt der Kölner Stadtgeschichte:** Hier befanden sich zu verschiedenen Zeiten das administrative Zentrum der ehemaligen römischen Provinz Niedergermanien, der frühmittelalterlichen Palast der Frankenherrscher, die Ursprungsbauten des Rathauses und eines der größten und ältesten jüdischen Quartiere Mitteleuropas.

KLEINE PAUSE

Altstadtplätze

Viel los ist meist in der Gastronomiegasse **Am Bollwerk,** im **Rheingarten** und an der Uferpromenade **Frankenwerft** 9 sowie auf dem etwas weiter südlich gelegenen **Fischmarkt** 10. Hier kann man dem Treiben auf dem Rhein zusehen, Touristen beim Altstadtbummel begegnen oder in eines der vielen Cafés oder Restaurants einkehren bzw. bei gutem Wetter draußen sitzen.

Aber auch **ruhige Plätze** finden sich. So z. B. der zwischen Lintgasse und Salzgasse gelegene **Ostermannplatz** [I7]. Zu Ehren des Namensgebers, Willi Ostermann, Kölner Verfasser, Komponist und Sänger von Heimat- und Karnevalsliedern, wurde ein Brunnen auf dem Platz errichtet.

Geruhsam geht es auch auf dem **Rote-Funken-Plätzchen** zu, das sich zwischen den Gassen Buttermarkt und Auf dem Rotherberg versteckt. Der Karnevalsverein der Roten Funken versteht sich als Persiflage auf die real existierenden Kölner Stadtsoldaten, die es von 1660 bis 1794 gab und die durch ihren Mangel an Mut in die Geschichtsschreibung eingingen.

Hübsch ist auch der **Eisenmarkt** ([I8], s. S. 83).

e Sehenswürdigkeiten rund um den Alter Markt erreicht man über die auf dem Platz gelegene Haltestelle Rathaus – aber auch die Haltestellen Dom/Hbf bzw. Heumarkt liegen nur wenige Gehminuten entfernt.

11 Alter Markt ★★★ [H7]

Der im Herzen der Altstadt gelegene Alter Markt – nein, es heißt nicht „Alte Markt", der Begriff wird nicht dekliniert – ist sehr sehenswert. Pittoreske, spitzgiebelige Kaufmannshäuser säumen den Platz und überragt wird er vom Historischen Rathaus 12*, das erhaben auf einer Anhöhe nebenan steht.*

In den unteren Etagen der Häuser haben sich diverse **Gastronomiebetriebe** angesiedelt und im Sommer kann man hier wunderbar draußen sitzen – auch weil der Platz für den Autoverkehr gesperrt ist. Der Alter Markt ist ein **beliebter Veranstaltungsort** (z.B. für Konzerte) und hier werden auch die wichtigen Karnevalszeiten eingeläutet: am 11.11. die Karnevalssession und an Weiberfastnacht der Straßenkarneval – beides pünktlich um elf Uhr elf.

In der Mitte des Platzes steht der 1884 aufgestellte **Jan-van-Werth-Brunnen** und ein Beispiel der Renaissancearchitektur des späten 16. Jahrhunderts, welche für die Patrizierhäuser um den Alter Markt typisch war, wurde nach dem Zweiten Weltkrieg annähernd originalgetreu wieder aufgebaut: das **Doppelhaus Zum Brezel und Zum Dorn,** Hausnummern 20 und 22. Einst waren unten Geschäftsräume eingerichtet, in den Zwischengeschossen der Wohnbereich und darüber Lageretagen. Heute befindet sich im Untergeschoss das kölsche Brauhaus Gaffel (s.S.25).

Mit scharfem Blick nach oben kann man den sogenannten **Kallendresser** entdecken. Am Obergeschoss unterhalb der Regenrinne des Hauses Nummer 24, Em Hanen, streckt diese kleine Figur ihr blankes Hinterteil in die Luft. „Kalle" ist der kölsche Begriff für „Regenrinne", „dressen" heißt – vornehm ausgedrückt – „sein Geschäft verrichten". Diese kölschderbe Spottfigur sollte einst den Herren des Rathauses die Meinung sagen. Bei dem frechen Männchen handelt es sich um eine Nachbildung des historischen Kallendressers, der seine Kehrseite einst einige Häuser weiter Richtung Groß St. Martin 8 entblößte. Doch der ursprüngliche Exhibitionist wurde im Zweiten Weltkrieg unsanft von seinem Platz gebombt.

12 Historisches Rathaus ★★ [H7]

An der Stelle, an der heute die Ratsmitglieder die Geschicke Kölns dirigieren, standen bereits seit rund 2000 Jahren die **Machtzentren der Stadt:** das römische Praetorium, das historische Rathaus und die nebenan befindlichen neueren Rathausteile.

Das 1135 urkundlich erstmals verzeichnete Gebäude ist das **älteste Rathaus auf deutschem Boden.** Es wurde von wohlhabenden Kaufleuten des Patriziergeschlechts direkt an der römischen Stadtmauer errich-

KLEINE PAUSE

Alter Markt

Am Rande des Alter Markt laden etliche **Cafés, Kneipen** und **Brauhäuser** zur Einkehr ein. Wer nur eine Kleinigkeit möchte, findet **Kioske** und eine **Eisdiele.** Auf den **Treppen des Jan-van-Werth-Brunnens** kann man sich prima hinsetzen und ausruhen.

tet, und zwar an der gleichen Stelle, an der vorher auch schon die Römer ihre Regierungsgebäude erbaut hatten und wo sich seit dem 9. Jahrhundert ein **jüdisches Wohnviertel** ausbreitete. Ab 1406 wude der **gotische Rathausturm** – zunächst frei stehend – ergänzt. Im Zweiten Weltkrieg wurde er weitgehend zerstört, aber wieder aufgebaut.

Seit 1569 wird das Rathaus durch eine prachtvolle **Renaissancelaube** bereichert. Das offene Obergeschoss diente der Proklamation neuer Bürgermeister, doch auch Ratsbeschlüsse wurden von hier verkündet. Wie durch ein Wunder überstand sie den Bombenhagel des Zweiten Weltkrieges weitgehend unbeschadet.

- › Teile des Rathauses können im Rahmen einer **organisierten Stadtführung** (s. S. 125) besichtigt werden.
- › Wer möchte kann bei einer der regelmäßigen **Ratssitzungen als Zuhörer** dabei sein, Vorbestellungen der kostenlosen Eintrittskarten beim Sitzungsdienst, Tel. 22122068.
- › Um 9, 12, 14 und 18 Uhr spielen die **Turmglocken** ein regelmäßig wechselndes Musikstück.

⑬ Römischer Statthalterpalast und Abwasserkanal ★★ [H7]

Über vier Jahrhunderte lang war das römische Colonia Amtssitz und Residenz des römischen Statthalters (lat. „Praetor"). Unter Teilen des Rathauses ⑫ kann man Funde aus der Zeit besichtigen, als die Stadt militärische und zivile Verwaltungszentrale der gesamten Provinz Niedergermanien war (ab 85 n. Chr.).

080kn Abb.: kk

Der Jan-van-Werth-Brunnen und der gotische Rathausturm am Alter Markt ⑪

079kn Abb.: kk

Erzbischhof Konrad von Hochstaden und seine freche Sockelfigur am Rathausturm

Prominente und Spötter am Rathausturm

__124 Statuen berühmter Persönlichkeiten__ aus den verschiedensten Epochen Kölns, die alle irgendetwas mit der Stadt zu tun haben, zieren den Turm des Rathauses **12**. *Am __Erdgeschoss__ zeigen sich bedeutende weltliche und geistliche Herrscher, so z. B. die römische Kaiserin Agrippina (erwirkte im Jahr 50 die Stadtrechte für Köln) und Kaiser Friedrich III. (erhob Köln 1475 zur Freien Reichsstadt).*

Am __1. bis 3. Obergeschoss__ finden sich für Köln bedeutsame Personen, zum Beispiel Meister Gerhard (erster Dombaumeister, gestorben 1259), Erzbischof Hildebold (erster Kölner Erzbischof, gestorben 818), Konrad Adenauer (Kölner Oberbürgermeister und Bundeskanzler, gestorben 1967), Jan van Werth (Reitergeneral, gestorben 1651). Besonders erwähnenswert und gut zu erkennen ist der sich am 1. Obergeschoss befindende __Erzbischof Konrad von Hochstaden__ (Begründer des gotischen Doms, gestorben 1261). Alles andere als fromm ist die Sockelfigur unter seinen Füßen: der sogenannte __„Kölner Spiegel“__, der sein blankes Hinterteil präsentiert und seinen Kopf durch die Beine steckt. Der feine Kirchenherr richtet seinen Blick pikiert gen Himmel. Im Mittelalter gab es fünf solcher frechen Figürchen, die erstklassig den derben kölschen Humor und den Spott gegen ungeliebte Herrschaften verkörpern - heute sind es nur noch drei.

Das __4. Obergeschoss__ bildet den sogenannten __Kölner Himmel,__ welcher den Schutzheiligen der Stadt vorbehalten ist - z. B. St. Gereon und St. Ursula (legendäre Stadtheilige) sowie Caspar, Melchior und Balthasar (die Heiligen Drei Könige).

Unter der Turmuhr streckt der Holzkopf des __„Platzjabbeck“__ („Jabber“ = Schnapper, „Beck“ = Maul) zu jeder vollen Stunde seine Zunge heraus.

Das **Praetorium** (der Statthalterpalast) war Mittelpunkt der planmäßigen Entwicklung und Besiedlung der Stadt und ist die politisch-administrative Wiege der Region. Der Statthalter war ein Stellvertreter des Kaisers. Zum Praetorium gehörten mit prächtigem Marmor ausgestattete **Regierungs- und Empfangsräume sowie Kultstätten und Wohnquartiere** des Statthalters und seiner Leibwache.

Das **beeindruckende Ausgrabungsgelände** präsentiert Fundamente und Mauerreste, Wandmalereien, Mosaiken und Inschriften. Modelle und Schaubilder sowie farbiges Lichtdesign veranschaulichen den Aufbau der römischen Machtzentrale.

Vom Vorraum des Praetorium führt eine Treppe hinab in die **Cloaka Maxima,** einen römischen Abwasserkanal, der etwa 1 m breit, 2 m hoch und auf einer Länge von ca. 120 m begehbar ist. Mindestens acht weitere solcher Kanäle leiteten die Abwässer in den Rhein. Bereits im 2. Jh. wurde der Kanal so stabil gemauert, dass er noch im Zweiten Weltkrieg als Luftschutzbunker diente. Das für Besucher zugängliche Areal unter dem Rathausplatz soll in den nächsten Jahren auf rund 7500 m² Größe erweitert werden. Dann soll das Praetorium mit weiteren Fundorten zu einer einzigartigen musealen **Archäologischen Zone** (s. S. 79) verbunden werden.

EXTRAINFO

Archäologische Zone Jüdisches Museum

Zwischen dem Historischen Rathaus 12, dem Alter Markt 11, dem Wallraf-Richartz-Museum 14 und der Kleinen Budengasse entsteht eine der größten **archäologischen Zonen** Europas. Der Plan sieht vor, 2000 Jahre Stadtgeschichte – von den Errungenschaften der Römerzeit bis zu den Zerstörungen des Zweiten Weltkriegs – in einer über- und unterirdischen Museumslandschaft zu präsentieren. Seit 2007 ist das Areal eine Großbaustelle. Nördlich und südlich des Rathauses wurden Grund- und Kellermauern großer romanischer und gotischer Bürgerhäuser sowie Häuserreste des jüdischen Viertels und einer mittelalterlichen Synagoge freigelegt. Bis Ende 2015 werden die Grabungsfunde mit Schutzdächern, Spezialtextilien, Sand- und Schotterschichten geschützt. Dann werden darauf die Fundamente und die Platzdecke für ein Museum errichtet. Es soll sich größtenteils unterirdisch unter dem Rathaus, dem daneben gelegenen Spanischen Bau und dem Rathausplatz erstrecken. Nach Abschluss der Bauarbeiten werden die Grabungsfunde wieder freigelegt und in ein **Ausstellungs- und Dokumentationszentrum** integriert. Ein Museumsteil soll speziell dem jüdischen Kulturerbe Kölns (s. S. 80) gewidmet sein. Mit modernster Museumstechnik werden Besucher eine Zeitreise durch die Jahrhunderte erleben.

› **Weitere Informationen:** www.museenkoeln.de

› Kleine Budengasse 10, Haltestelle: Dom/Hbf oder Rathaus, Tel. 22122394, www.museenkoeln.de/archaeologische-zone, geöffnet: Di.–So. 10–17 Uhr, jeden ersten Do. im Monat 10–22 Uhr, Eintritt: 3,50 €

14 Wallraf-Richartz-Museum & Fondation Corboud ★★★ [H8]

Der konsequent-kubische Museumsbau neben dem Rathaus zählt zu den bedeutendsten Gemäldegalerien Deutschlands. In modernem Ambiente wird eine umfangreiche Sammlung klassischer abendländischer Kunst vom 13. bis zum 19. Jh. gezeigt.

Die Kunstwerke präsentieren sich in einer chronologisch-räumlichen Abfolge und sind innovativ in Szene gesetzt. **Mittelalterliche und frühneuzeitliche Gemälde** aus der Zeit zwischen 1250 und 1550 bilden den historischen Kernbestand. Ebenfalls zu sehen sind Werke der **Kölner Tafelmalerei**, beispielsweise Lochners Ursula-Legende. Der **Barock** entfaltet sich in Werken von Rubens und Rembrandt. Weitere **Meisterwerke** stammen von Van Gogh, Cézanne, Renoir, Monet, Manet, Gaugin, Ensor und Munch. Die Sammlung **impressionistischer und neoimpressionistischer Kunst** wird zweistöckig präsentiert.

› Obermarspforten, Haltestelle: Heumarkt oder Rathaus, Tel. 22121119, www.wallraf.museum, geöffnet: Di.–So. 10–18, Do. 10–21, jeden ersten Do. im Monat 10–22 Uhr, Eintritt: 13 €

15 Duftmuseum im Farina-Haus ★★ [H7]

Auch wenn (oder gerade weil) Köln im ausgehenden 17. Jahrhundert eine schmutzige Stadt war, in der gerade erst die letzte Pestseuche überwunden worden war und wo oft genug nur sporadisches Hochwasser den Unrat von den Straßen spülte, gilt sie als **Geburtsstadt der modernen Parfümerie.** Im Jahr 1709 wurde in der Altstadt, an der Stelle des Farina-Hauses die älteste bestehen-

Kölns jüdische Gemeinde

Jüdische Niederlassungen gab es in Köln schon zu römischer Zeit: Ein Erlass von Kaiser Konstantin im Jahr 321 gestattete Juden die gleichberechtigte Berufung in den Stadtrat. Dies ist der früheste historische Verweis auf eine ***jüdische Gemeinde*** *in ganz Deutschland.*

Im Mittelalter gehörte die jüdische Gemeinde Kölns zu den größten und angesehensten. Sie hatte eine eigene Verwaltung und konnte selbstständig Recht sprechen. Viele Juden erlangten Wohlstand durch den Fernhandel und schon bevor Kreuzfahrer im Vorderen Orient Handelsniederlassungen gründeten, brachten jüdische Kaufleute Luxusgüter wie Gewürze, Stoffe und Edelmetalle nach Köln.

Doch mit dem ersten ***Kreuzzug*** *(1095–1099) endete die friedliche Zeit. Christen verübten* ***Pogrome*** *gegen „Ungläubige" und da half auch der bestehende Schutz des Erzbischofs nur wenig. Das schlimmste* ***Massaker*** *erlebten die Juden dann während der großen* ***Pestepidemie*** *ab 1347, denn sie wurden als Brunnenvergifter und Verursacher der Pest gesehen. Fast alle jüdischen Bewohner Kölns wurden enteignet und ermordet, die Wohn- und Gemeinschaftshäuser wurden beim Pogrom zwei Jahre später niedergebrannt.*

Nach beiden Verfolgungswellen bauten die jüdischen Bewohner Kölns ihre Gemeindebauten – Synagoge, Badehaus, Backstube, Krankenhaus, Versammlungshaus – stets am selben Ort wieder auf. Unter der Herrschaft der Patrizier war das noch möglich. Doch nachdem die Zünfte (1396) die Macht übernommen hatten, wandte sich das Blatt: ***ab 1424*** *durften* ***keine Juden mehr in der Freien Reichsstadt*** *wohnen. Die meisten ließen sich in rechtsrheinischen Gebieten wie Deutz oder Mühlheim nieder. Ihre Gemeindebauten um das Rathaus herum wurden abgerissen. Köln war und blieb eine katholische Bastion. Erst als Ende des 18. Jahrhunderts* ***unter französischer Herrschaft*** *die* ***Religionsfreiheit*** *erklärt wurde, durften Juden (wie auch Protestanten) wieder in die Stadt ziehen.*

Spätestens 1938, ganz unverhohlen in Gestalt der „Reichskristallnacht", wurde die ***Judenverfolgung im „Dritten Reich"*** *ganz offen vollzogen. In Köln wurden alle Synagogen niedergebrannt und zerstört. Bis 1944 wurden knapp 14.000 Juden aus Köln und unzählige aus dem Umland in Gettos oder Konzentrationslager verschleppt – die meisten wurden in den Gaskammern ermordet.*

Heute stellt Köln sich dieser Geschichte: Symbolträchtig entsteht am historischen Rathaus ⓬ *ein* ***Jüdisches Museum.*** *Der Standort liegt kulturhistorisch nahe, denn in der nördlichen Ecke des Rathausvorplatzes stand einst die Synagoge. Sie war die älteste nachweisbare ihrer Art nördlich der Alpen und wird in die Zeit vor 800 datiert. Nach der Judenvertreibung von 1424 wurde die Synagoge in eine christliche Kirche für den Rat umgewandelt, sie wurde im Zweiten Weltkrieg zerstört und nicht wieder aufgebaut. Das Museum soll zu einem wichtigen Ort der Begegnung werden.*

de Kölnisch-Wasser-Fabrik gegründet. Heute kann man hier nicht nur **einkaufen**, sondern auch ein **Duftmuseum** besuchen. Während einer Führung durch die historisch eingerichteten Kellergewölbe kann man einen Eindruck von der handwerklichen Meisterschaft und Kreativität des Parfümeurs gewinnen. Dokumente und Bilder erläutern Dufthistorie und Kulturgeschichte des Eau de Cologne, interessant ist auch der Nachbau einer Destille aus dem frühen 18. Jahrhundert.

› Obermarspforten 21, Tel. 3998994, www.farina.eu, geöffnet: Mo.–Sa. 10–19, So. 11–16 Uhr, Eintritt: 5 € reguläre Führung, 9 € historische Kostümführung. Führungen finden ab fünf Personen zu jeder vollen Stunde statt, historische Kostümführungen dreimal pro Woche.

Die Gemälde von Rubens im Wallraf-Richartz-Museum ⓮ ziehen auch junge Besucher in ihren Bann

Südliche Altstadt

Südlich des Martinsviertels dehnt sich der Bereich der südlichen Altstadt vom Rheinufer stadteinwärts aus. Hier erhält man Einblick in die Stadtgeschichte von der Römerzeit über das Mittelalter bis zur Neuzeit.

Museen und Kirchen laden zum Besuch ein und in den **Gastronomiebetrieben** am Rheinufer oder um den Heumarkt ⓰ kann man gut verweilen. Fans der Römergeschichte finden Reste der **Römermauer** entlang der Staßen Rothgerberbach [G9], Blaubach [H9] und Mühlenbach [H8/9], am hier einst verlaufenden Duffesbach verlief die südliche Stadtgrenze Colonias.

› **Anfahrt:** Alle Sehenswürdigkeiten in der südlichen Altstadt erreicht man über die Haltestellen Rathaus bzw. Heumarkt.

⓰ Heumarkt ★ [H8]

Der Platz nahe der Deutzer Brücke heißt Heumarkt, weil auf dem **einstigen Fernhandels- und Großmarkt** neben Produkten wie Flachs, Tuche, Käse, Fleisch, Kohlen und Eisen auch Viehfutter gehandelt wurde.

Ab dem 10. Jahrhundert hatten reiche Kaufleute und Handwerksmeister am Platz ihre Häuser errichten lassen, doch nur wenige der heutigen Gebäude am ursprünglich rundum geschlossenen Platz sind alt, eine Ausnahme bildet aber z. B. das Haus **Zum St. Peter** aus dem Jahre 1568 (Heumarkt 77/Ecke Seidenmacherinnengäßchen, heute ein Brauhaus). Anfang des 17. Jahrhunderts wurde die Pracht des Heumarkts mit dem **Markusplatz** in Venedig verglichen.

Das 1878 geschaffene **Reiterdenkmal** auf dem Platz zeigt den Preußenkönig Friedrich Wilhelm III. und sollte die Zugehörigkeit des Rheinlandes zu Preußen manifestieren. Der Reiter erhebt sich über einem Fries mit lebensgroßen Figuren preußischer Generäle und Gelehrter.

Der Anfang vom Ende des alten Heumarktes war ab 1913 der Bau der **Hindenburgbrücke** und schließlich wurden im Zweiten Weltkrieg zahlreiche Gebäude in Schutt und Asche gebombt. Heute führt von hier die 1948 eingeweihte **Deutzer Brücke** in den rechtsrheinischen Stadtteil Deutz. Übrigens verband hier bereits 310 die erste, von den Römern errichtete Brücke die Rheinseiten.

17 Schokoladenmuseum ★★ [I9]

Vom Kakaobaum zum Konfekt, von der exotischen Spezialität zum Massenartikel – dieses „Mmmmuseum" hat sich ganz der 3000-jährigen Geschichte sowie der süßen Gegenwart der **Schokolade** verschrieben.

Veranschaulicht wird die Zeit, als man mit Kakaobohnen bezahlen konnte, aber auch **Anbau und Ernte** der Kakaofrucht werden dokumentiert. Eine gläserne Produktionsanlage gibt Einblick in die **Herstellung** der süßen Versuchung. Eine **Kostprobe** gibt es am Schokoladenbrunnen. Das Museum liegt direkt am Rhein, im Norden der Rheinauhalbinsel. Angeschlossen sind ein Restaurant, ein Shop und ein Café mit Terrasse am Fluss.

098kn Abb.: kk

KLEINE PAUSE

Eisenmarkt

Der Name dieses kleinen, nur eine Häuserzeile neben dem Heumarkt gelegenen Platzes erinnert daran, dass hier einst ein Eisenwarenmarkt war. Mitten auf dem Platz [I8] sitzt der beliebte Volksschauspieler **Willy Millowitsch** in Form eines lebensgroßen **Denkmals** lässig auf einer Parkbank. Das 1803 gegründete **Hänneschen Theater** (s. S. 36), in dem Stockpuppen das Publikum auf Kölsch belustigen (Karten besser vorbestellen!), findet sich seit 1936 ebenfalls hier.

039kn Abb.: kw

› Am Schokoladenmuseum 1a, www.schokoladenmuseum.de, Tel. 9318880, Eintritt: 9 €, geöffnet: Di.–Fr. 10–18, Sa./So. 11–19 Uhr

18 Kirche St. Maria Lyskirchen ★★ [I9]

St. Maria Lyskirchen ist die kleinste der zwölf erhaltenen romanischen Kirchen in Köln. Als einzige gehörte sie nie zu einem Stift oder Kloster, sondern war seit jeher **Pfarrkirche.**

Im 10. Jahrhundert stand hier bereits eine kleine Marienkirche. Sie war Eigentum des reichen Kölner Gutsbesitzers Lysolfus, wodurch sich auch ihr Name erklärt. Mit der Erhebung zur Pfarrkirche erfolgte 1210 der Neubau. Die dreischiffige Emporenbasilika entstand zur Spätzeit der Romanik, daher finden sich auch **gotische Architekturmerkmale** wie die hohen Gewölbedecken. Danach erfolgten kaum Erweiterungen oder Umbauten, den Zweiten Weltkrieg überstand St. Maria Lyskirchen relativ unbeschadet.

Herausragend sind die großflächigen **Deckenfresken** aus der Zeit um 1250. Dank dieses Bilderreichtums war es den Menschen im Mittelalter, von denen nur die wenigsten lesen oder schreiben konnten, möglich, die Bibel besser zu verstehen.

Damit die Rheinschiffer im Vorbeifahren der heiligen Maria ihre Grüße und Bitten entgegenbringen konnten, stand einst eine prächtige Marienstatue außen am Chor. Diese sogenannte **Schiffermadonna** entstand um 1420 und steht heute hinter dem Eingang.

› An Lyskirchen 12, Tel. 211713, www.lyskirchen.de, geöffnet: Mo.–So. 9–18 Uhr

◁ Der Heumarkt ist von Gastronomiebetrieben umgeben

△ Willy Millowitsch beobachtet das Treiben auf dem Eisenmarkt

KLEINE PAUSE

Lichhof

Nur für Fußgänger zugänglich und für die zentrale Citylage ungewöhnlich ruhig ist der Lichhof („Leichenhof"). Der Platz an der Kirche St. Maria im Kapitol (19) fungierte bis 1794 als **Friedhof,** auf dem die Stiftsdamen beigesetzt wurden. Hier erinnert heute eine Stele an Aids-Opfer und Bänke stehen zum Innehalten oder Ausruhen bereit. Durch das markante **Dreikönigenpförtchen** sollen der Legende nach im Jahr 1164 die Reliquien der Heiligen Drei Könige (s. S. 65) in die Stadt getragen worden sein.

(19) Kirche St. Maria im Kapitol ★★ [H8]

Im Südosten der Altstadt befindet sich dieses Kleinod, das zu den ältesten romanischen Kirchen Kölns zählt. Der Kirchenname „Im Kapitol" erinnert an einen römischen Kapitolstempel, der sich an dieser Stelle befand. Bereits um 689 ließ Plektrudis, Gattin eines fränkischen Regenten, innerhalb der damaligen Tempelanlage ein Marienheiligtum errichten, vermutlich gehörte ein **Frauenkloster** dazu. Im 10. Jahrhundert siedelte Erzbischof Bruno Benediktinerinnen an, die Kirche wurde somit zur Klosterkirche. Im 12. Jahrhundert folgte die Umwandlung in ein **Stift für adelige Damen.** Nur Angehörige der reichsten und hochherrschaftlichen Fürstenhäuser wurden aufgenommen. Bis zur Säkularisierung gehörte St. Maria im Kapitol zu den vornehmsten Damenstiften Deutschlands.

Außergewöhnlich ist die **Architektur** des Gotteshauses: Keine andere romanische Kirche Kölns schafft so variationsreiche und gegensätzliche Raumeindrücke. Bestimmend ist die an byzantinische Vorbilder erinnernde Kleeblattform. Der Dreikonchen-Bau ist der Geburtskirche Jesu in Betlehem nachempfunden.

Sehr schön ist der **Renaissancelettner aus Marmor,** eine Trennwand zwischen dem Binnenchor und dem Raum der Gottesdienstbesucher. Er wurde um 1523 vollendet und stand, anders als heute, einst auf Fußbodenhöhe.

Der größte und schönste Schatz in der Kirche sind **zwei Holztürflügel,** die aus der Gründerzeit im 11. Jahrhundert stammen. Das kleinfigurige, einstmals farbige Schnitzwerk zeigt das Leben Jesu und ermöglichte allen, die nicht lesen konnten (im Mittelalter die Mehrzahl der Gläubigen), Christis Lebensgeschichte besser zu verstehen.

› Marienplatz 19, Tel. 214615, www.maria-im-kapitol.de, geöffnet: Mo.–Sa. 10–18, So. 13–18 Uhr

053kn Abb.: kw

› Holztür in der romani-
› St. Maria im Kapitol

Innenstadt

Egal, ob einem der Sinn nach mittelalterlichen Kirchen, modernen Museen oder bunten Einkaufsmeilen steht – Kölns Innenstadt hat all dies zu bieten.

Der Begriff „Innenstadt" bezieht sich im Folgenden auf das Areal innerhalb der **mittelalterlichen Stadtbegrenzung**, also östlich der Kölner Ringstraßen (s. S. 91). Ab 1180 errichtete man den mächtigen Mauerring, der etwa eine Fläche von 402 Hektar umfasste. Ihre **heutige Gestalt** erhielten die Innenstadtbereiche jedoch im Wesentlichen nach der Beseitigung der Bombenschäden des Zweiten Weltkrieg.

Rund um den Neumarkt

Ein bedeutender Mittelpunkt der Stadt ist der auf halbem Weg zwischen Rhein und Ringstraßen gelegene Neumarkt. Kölner fahren zum Einkaufen hierher, denn hier beginnen diverse Einkaufsstraßen und hier stehen mehrere Kaufhäuser. In der Platzmitte finden diverse Events wie Zirkus, Weinwoche und Weinachtsmarkt statt.

Der Platz hat eine lange **Geschichte:** Zu römischer Zeit lag hier an einer Ost-West-Hauptstraße eine bessere Wohngegend. Während der fränkischen Zeit war der Neumarkt wahrscheinlich nicht mehr bewohnt. Im 11. Jahrhundert tauchte der Platz als „Novo Mercato" erneut in der Geschichtsschreibung auf – als Marktplatz für den Viehhandel. die Preußen nutzten das Areal als Exerzier- und Paradeplatz. Und die Nationalsozialisten planten eine Parademeile und rissen im Weg stehende Gebäude ab.

› **Anfahrt:** Alle in diesem Absc[...] genannten Sehenswürdigkeiten erreicht man über die Haltestelle Neumarkt.

20 Schildergasse ★★ [G8]

Die Schildergasse ist eine beliebte **Fußgängerzone** Kölns. Sie beginnt am Neumarkt und führt nach Osten, wo sie im rechten Winkel auf die Hohe Str. 7 trifft. Geht man am Ende der Schildergasse geradeaus, so kommt man auf die Gürzenichstr., zum Heumarkt 16 und zum Rhein.

Auffällig ist der gigantische **Glaskuppelbau des Weltstadthauses,** der das Sortiment des bekannten Bekleidungshauses Peek & Cloppenburg ins rechte Licht rückt und den Kunden ein grandioses Raumerlebnis bietet. Auf 14.400 m² lichtdurchfluteter Verkaufsfläche kann der Fashionfan aus rund 400 Edelmodemarken wählen. Die Besonderheit des fünfgeschossigen Stahlbetonbaus ist die gläserne Haut, die sich wie ein Schirm über das Gebäude spannt. Unter dem Gebäude taucht die Schnellstraße Nord-Süd-Fahrt in den Untergrund ab.

› Infos: www.schildergasse.de

21 Kirche St. Aposteln ★★ [F8]

In ihrer Mächtigkeit trotzt diese **romanische Kirche** der Hektik der City. St. Aposteln ist ein recht junges Gotteshaus. **Im frühen 11. Jh.** ließ Erzbischof Pilgrim es als kleine Kirche erbauen – historische Zeugnisse belegen einen Vorgängerbau – und bestimmte diese als seine Grabeskirche, sein Sarkophag steht in der Südkonche. Warum diesem Kirchlein die Ehre zuteil wurde, den zwölf Aposteln geweiht zu sein, ist unklar. Durch schrittweise Umbauten von Mitte des 12. bis Mitte des 13. Jh. entstand der klassische Prunkbau romanischer Architektur in seiner heutigen Form.

Großartig sind der weit **ausladende Dreikonchenchor** (Kleeblattform), der achteckige Kuppeldom, die beiden formenreichen Chorflankentürme (alles im Osten) und der mächtige, fünfgeschossige Vierungsturm – der sogenannte Apostelklotz – samt seiner Giebel im Westteil.

Der **Altarbereich im Ostchor** wird von einem mächtigen Radleuchter „gekrönt". Moderne Deckengemälde (gemalt 1988–93) beleben die Konchen. Interessant sind die **Statuen der 14 Nothelfer** im südlichen Querhausarm. Sie stammen aus dem 16. bis 18. Jahrhundert und wurden als heilige Helfer gegen alle möglichen Krankheiten und Leiden angebetet. Der Westchor dient heute als **Orgelempore**, wegen der guten Akustik werden zahlreiche Konzerte und festliche Gottesdienste veranstaltet.

Der Chorraum der romanischen Kirche St. Aposteln 21

› Neumarkt 30, Tel. 9258760, www.st-aposteln.de, geöffnet: Mo.–So. 10–13, 14–17 Uhr

22 Rautenstrauch-Joest-Museum – Kulturen der Welt und JuniorMuseum ★★★ [G8]

Dieses Völkerkundemuseum lädt zu einer Reise in neue und alte, fremde und vertraute Welten ein. Auffälligstes Merkmal des im wuchtigen Gebäudekubus des Kulturquartiers am Neumarkt eingerichteten Museums: Das Ausstellungskonzept macht neugierig und bietet vielfältige Möglichkeiten zum Mitmachen.

Im Gegensatz zu der oft üblichen Darstellung geografischer Großräume gibt es im Rautenstrauch-Joest-Museum den **Themenparcours „Der Mensch in seinen Welten"**: Gezeigt wird, wie Menschen zu verschiedenen Zeiten und in verschiedenen Erdteilen ihr Leben gestalten. Dabei werden Gemeinsamkeiten und Unterschiede herausgestellt und so neue

Blickwinkel auf andere Kulturen, aber auch die eigene Herkunft ermöglicht. Die Ausstellungsstücke konzentrieren sich auf Kulturen außerhalb Europas. Besucher durchschreiten den Themenparcours auf drei Etagen. Er ist in in die Bereiche „Die Welt erfassen" und „Die Welt gestalten" unterteilt.

Die Themenschwerpunkte des in das Rautenstrauch-Joest-Museum integrierten **JuniorMuseums** orientieren sich unmittelbar an der multikulturellen Erfahrungswelt von Kindern und Jugendlichen. In fünf Zimmern aus anderen Kulturkreisen können junge Besucher Aspekte anderer Alltagskulturen junger Menschen kennenlernen. Das Highlight ist, dass man nicht nur zusehen, sondern selber mitmachen kann.

› Cäcilienstr. 29–33, Tel. 22123620, www.museenkoeln.de/rautenstrauch-joest-museum, geöffnet: Di.–So. 10–18, Do. 10–20, jeden ersten Do. im Monat 10–22 Uhr (das JuniorMuseum hat wochentags vormittags eventuell eingeschränkte Öffnungszeiten), Eintritt: 7 €, ermäßigte Kombitickets mit dem Museum Schnütgen 23, der alleinige Besuch des JuniorMuseums ist kostenfrei

KLEINE PAUSE

Café gefällig?

Gemütliche **Cafés** im Trubel der Innenstadt:

150 [G8] **Libresso,** Fleischmengergasse 29, Haltestelle: Neumarkt, Tel. 237379, www.cafelibresso.de, geöffnet: Mo.–Sa. 10–23.30, So. 13–23.30 Uhr. Mit alten Musikinstrumenten geschmückter, gemütlicher Ruhepol am Neumarkt.

151 [G7] **Lichtenberg,** Richmodstr- 13, Haltestelle: Neumarkt, Tel. 2067251, www.cafelichtenberg.de, geöffnet: 10–24. Kronleuchtergekröntes Kaffeehaus/Restaurant nahe dem Neumarkt, auch Bar und WLAN-Hotspot.

Brauhaus-Tipp

152 [F8] **Brennerei Weiß,** Hahnenstr. 22, Haltestelle: Rudolfplatz, www.brennereiweiss.de, Tel. 82820191, geöffnet: Mo.–Fr. 17–1, Sa. 13–1, So. 11–1 Uhr. Modernes Brauhaus beim Rudolfplatz, bei Homosexuellen beliebt und ganz und gar nicht schrill, im Sommer mit Außengastronomie. WLAN.

23 Museum Schnütgen in der Kirche St. Cäcilien ★★ [G8]

Die **romanische Kirche St. Cäcilien** wird als Museum genutzt. In einzigartiger Verbindung mit dem Kirchenraum vermitteln die kostbaren Kunstwerke Einblicke in Lebensformen, Menschenbilder und Wertvorstellungen des Mittelalters. Zudem hat das Museum **erweiterte Ausstellungsflächen** im nebenan gelegenen Kulturquartier am Neumarkt (s. S. 85). Der **Cäciliengarten** führt die Ausstellung draußen mit mittelalterlicher Bepflanzung weiter und stellt eine Ruheinsel im Museumsrummel dar.

Die heutige Grundform der Kirche als dreischiffige, turmlose Pfeilerbasilika wurde 1160 vollendet – zuvor stand hier ab der zweiten Hälfte des 9. Jahrhunderts ein lichter Saalbau als **Stiftskirche** des adeligen Damenstifts St. Cäcilien. 1479 zog ein **Kloster** der Augustinerchorfrauen ein, das 1802 aufgelöst wurde. Die Gebäude dienten dann als städtisches Kranken- und Armenhaus, St. Cäcilien wurde **Krankenhauskirche.**

› Cäcilienstr. 29–33, Tel. 22131355, www.museenkoeln.de/museum-schnuetgen, geöffnet: Di.–So. 10–18, Do. 10–20 Uhr, jeden ersten Do. im Monat 10–22 Uhr, Eintritt: 6 €, ermäßigte Kombitickets mit dem Rautenstrauch-Joest-Museum 22

Rund um den Appellhofplatz

Der Appellhofplatz – nördlich des Neumarkt und südlich des Bankenviertels – ist kein freier Platz im eigentlichen Sinn, sondern ein von Schnellstraßen durchschnittener Innenstadtbereich rund um die markant gebogene gleichnamige Straße.

In der Wiederaufbauphase nach dem Zweiten Weltkrieg hatte der **autogerechte Ausbau der Stadt** hohe Priorität und so zerreißen breite Straßentrassen alte Wohnviertel und zerstören die Idylle einst ruhiger Gegenden. Bestes Beispiel: die am Appellhofplatz enlanglaufende **Nord-Süd-Fahrt**, die sich quer durch die Innenstadt zieht und diese teilt. Auf Stadtplänen heißen ihre Teilstücke Turiner Str., Tunisstr., Neuköllner Str., Tel. Aviv Str. und Ulrichgasse.

› **Anfahrt:** Alle in diesem Abschnitt genannten Sehenswürdigkeiten erreicht über die Haltestelle Appellhofplatz.

24 Kölnisches Stadtmuseum im Zeughaus ★★ [G7]

In der Zeughausstraße fällt ein lang gezogener Backsteinbau mit pittoresken rot-weißen Fensterläden auf. Der Name weist darauf hin, dass

Relikte römischer Stadtbefestigung

*Das Stadtmuseum 24 liegt zwischen den parallel laufenden Straßen Zeughausstr. und Burgmauer. Letztgenannter Straßenname soll an die **römische Nordmauer** erinnern, die hier von Ost nach West verlief.*

Ab dem Jahr 50 errichtet schützte die Römermauer über tausend Jahre die Stadt. Über eine Länge von 3,9 km umschloss sie die Colonia Claudia Ara Agrippinensum (CCAA) von allen vier Seiten, auch zum Rhein hin. Sie bestand aus zwei etwa 8 m hohen Mauerschalen, in deren Zwischenraum eine Bruchstein-Mörtel-Mischung verfüllt wurde. Neun Tore gewährten den Zugang, auf 19 Türmen hielten Legionäre Wache.

Erst im Hochmittelalter (ab dem Jahr 1106) wurde die römische Mauer von einer größeren, stadtauswärts gelegenen Mauer abgelöst (s. S. 92).

Rund um den Appellhofplatz finden sich Relikte der Römermauer an folgenden Stellen:

★153 *[G7] **Nordmauer:** Burgmauer westl. vom Stadtmuseum*
★154 *[G7] **Lysolphturm:** Burgmauer/Ecke Nord-Süd-Fahrt*
★155 *[G7] **Römerturm:** Burgmauer/ Ecke St.-Apern-Str.*
★156 *[G7] **Helenenturm:** St.-Apern-Str./Ecke Helenenstr.*

*Weitere Reststücke finden sich im **Altstadtbereich**, so das römische Nordtor 3 und Mauerteilstücke unter der Domplatte sowie im **Süden der Altstadt** entlang der Staßen Rothgerberbach [G9], Blaubach [H9], Mühlenbach [H8/9]. Übrigens: An vielen Stellen der Stadt zeigen in den Bürgersteig eingelassene **Bronzeplatten** den Grundriss der Römerstadt an.*

hier einst das „Kriegs-Zeug" zur Verteidigung der Stadt aufbewahrt wurde. Das **Zeughaus** wurde 1606 im Stil der niederländischen Renaissance errichtet und beherbergt heute das **Kölnische Stadtmuseum.**

Im Museum wird die **Kölner Geschichte** thematisiert. Auch die **kölnische Kultur,** das Geistes- und Alltagsleben sowie wirtschaftsgeschichtliche und politische Themen werden dokumentiert. Zahlreiche Modelle, Bilder und Alltagsgegenstände vermitteln Plastizität, Infotafeln liefern Fakten.

› Zeughausstr. 1–3, Tel. 22125789, www.museenkoeln.de/koelnisches-stadtmuseum, geöffnet: Di. 10–20 Uhr, Mi.–So. 10–17 Uhr, jeden ersten Donnerstag im Monat 10–22 Uhr, Eintritt: 5 €

25 NS-Dokumentationszentrum im EL-DE-Haus ★★ [G7]

Das EL-DE-Haus dient der Dokumentation der **Geschichte des Nationalsozialismus in Köln.** 1935 bis 1945 hatte hier die Geheime Staatspolizei ihr Hauptquartier samt Hinrichtungsstätte eingerichtet. Ein wenig zynisch ist, dass das Haus von Kriegszerstörungen weitgehend verschont blieb. Das EL-DE ist Ausstellungs- und Veranstaltungsort sowie Forschungs- und Bildungseinrichtung.

Bedeutsam ist die **Gedenkstätte im Keller** des Hauses: Hier befanden sich das 1935 durch Häftlinge errichtete Hausgefängnis und der Foltertrakt der Gestapo. Der Name EL-DE verweist auf die Initialen des **Eigentümers,** Leopold Damen, der gezwungen worden war, das Haus an die Gestapo zu vermieten.

› Appellhofplatz 23–25, Tel. 22126332, www.museenkoeln.de/ns-dok, geöffnet Di.–Fr. 10–18, Sa./So. 11–18 Uhr, jeden ersten Do. im Monat 10–22 Uhr, Eintritt: 4,50 €

26 Dufthaus 4711 ★★ [G7]

Das mit Arkaden und Türmchen verzierte **neugotische Patrizierhaus** in der Glockengasse wurde im Jahr 1854 erbaut und ist das Stammhaus der Firma 4711, berühmt durch ihr **Echt Kölnisch Wasser.** Dieses Wasser wurde 1792 erstmalig von dem jungen Kaufmann Wilhelm Mülhens produziert. Im 4711 Traditionshaus kann man nicht nur diverse Produkte des Duftklassikers oder weiterer Kreationen kaufen, sondern auch **Souvenirs** im 4711-Look. Zwischen 9 und 19 Uhr spielt außerdem stündlich ein **Glockenspiel,** begleitet von einem Holzfigurentanz im Obergeschoss der Hausstirnseite.

› Glockengasse 4, Tel. 27099910, www.4711.com, geöffnet: Mo.–Fr. 9.30–18.30, Sa. 9.30–18 Uhr. Samstags werden Führungen (13–14 Uhr, 5 €) veranstaltet, die über die Historie des Kölner Klassikers informieren. Nach Anmeldung kann man sich auch im Rahmen des wöchentlichen Duftseminars (donnerstags, 15–16.30 Uhr, 35 €) in die Arbeitsweise eines Parfümeurs einschnuppern.

27 Kunstmuseum Kolumba ★★ [H7]

In diesem Kunstmuseum der besonderen Art fließen **zweitausend Jahre abendländischer Kunstgeschichte** von der Spätantike bis zur Gegenwart zusammen. Es bildet einen „Dreiklang von Ort, Sammlung und Architektur".

Im Mittelalter war St. Kolumba eine große und reiche **Pfarrkirche,** zählte sie doch die Stadtherren zu ihrer Gemeinde. Im Inferno des **Zweiten Weltkriegs** wurde die Kirche bis auf wenige Mauerreste zerstört. Wie ein mahnendes Zeichen blieb eine Marienstatue an einem einzigen Pfeiler unversehrt. Über den Ruinen wurde 1950 die **Kapelle Madonna in den Trümmern** erbaut, später schloss man im Norden eine Sakramentskapelle an.

Das Kolumba-Kunstmuseum des Erzbistums Köln erhebt sich als mächtiger **Neubau** über den Ruinen der Kirche. In der kargen Eleganz der Innenräume kann man sich auf das Wesentliche konzentrieren – „Museum der Nachdenklichkeit" wird das Kolumba auch genannt. Der größte Raum des Museum präsentiert Aspekte der zweitausendjährigen **Stadtgeschichte**, eine **bedeutende archäologische Ausgrabung**, die Ruine der Kolumba-Kirche und die Madonnenkapelle.

› Kolumbastr. 4, Tel. 9331930, www.kolumba.de, geöffnet: tägl. außer Di. 12–17 Uhr, Eintritt: 5 €

28 Breite Straße ★ [G7]

Die Breite Str. ist eine weitere Kölner **Einkaufsstraße**, die sich in Ost-West-Richtung zwischen der Apostelnstr. und der Nord-Süd-Fahrt erstreckt. Im weiteren Verlauf wird sie von der Ehrenstr. (im Westen) und der Minoritenstr. (im Osten) fortgesetzt. In ihrem zentralen Bereich ist die Breite Str. als **Fußgängerzone** gestaltet, dominierend sind die vielen kleinen Geschäfte. Ebenfalls ansässig sind die **Einkaufshäuser** WDR-Arkaden (s. S. 20), Opern-Passagen (s. S. 20) und DuMont-Carré (s. S. 19).

29 Museum für Angewandte Kunst ★★ [H7]

Das Museum zeigt eine der bedeutenden deutschen Sammlungen **europäischer Angewandter Kunst** vom Mittelalter bis zur Gegenwart und eine hochrangige **Designkollektion** ab 1900. Auch zeitgenössisches **Industriedesign** wird in seinen besten, stilbildenden Beispielen gesammelt.

Als Besucher kann man durch reich **ausgestattete Wohnräume** verschiedener Epochen und Stilrichtungen schlendern. Möbel und Einrichtungsgegenstände, Bildteppiche und Wandschmuck, Objekte der Tisch- und Tafelkultur, Zierobjekte aus Glas, Keramik, Zinn, Porzellan, Silber und Gold erzählen die Geschichte des qualitätsbewusst eingerichteten Lebensraums.

› An der Rechtschule, Tel. 22126714, www.museenkoeln.de/museum-fuer-angewandte-kunst, geöffnet: Di.–So. 11–17, jeden ersten Do. im Monat 11–22 Uhr, Eintritt: 6 €

042kn Abb.: kw

Ring(e)

„Der Ring" oder „Die Ringe" – unter Kölnern werden sowohl Singular als auch Plural verwendet, aber mit beiden Begriffen ist eine wichtige Ringstraße gemeint, die halbkreisförmig die Innenstadt umgibt und dabei ständig ihren Namen wechselt. Im Mittelalter folgte eine imposante Stadtmauer dem Verlauf der heutigen Ringstraßen. Seine Blütezeit erlebte der Ring kurz vor der Wende zum 20. Jahrhundert, im Zweiten Weltkrieg wurden jedoch zahlreiche Häuser zerstört und viele weitere waren für einen Wiederaufbau zu baufällig.

Ringstraßen

Nördlicher Ring

Am Konrad-Adenauer-Ufer/Rheinuferstr. in der Nordstadt beginnt das nördlichste Teilstück des Rings. Am westlichen Ende des **Theodor-Heuss-Rings** [I5] trifft man auf den **Ebertplatz** [H5], südlich davon liegt der Eigelstein 40. Die **Eigelsteintorburg** ist eines der drei erhaltenen mittelalterlichen Stadttore. Auf dieser Höhe beginnt der **Hansaring.** Zwischen den wenigen nicht im Krieg zerstörten Gründerzeitvillen stehen hier riesige Neubauten. Dieses Bild setzt sich auch am sich südlich anschließenden **Kaiser-Wilhelm-Ring** fort, doch dieses Straßenstück hat man besonders breit angelegt und Platanen, Grünanlagen, Brunnen und Skulpturen zieren diesen kurparkartigen Abschnitt.

› Haltestelle: Ebertplatz, Hansaring oder Christophstr./Mediapark

◸ *Die Ruinen der Kirche St. Kolumba sind Teil des Museums*

EXTRATIPP

Innerer Grüngürtel

Parallel zum Ring, entlang der westlichen Neustadtgrenze der Inneren Kanalstraße, schmiegt sich halbkreisförmig ein etwa 4 km lange **Wiesen- und Parkgürtel** an. Er grenzt das Belgische Viertel 33 und das Univiertel 35 ein und fungiert als grüne Lunge. Mittendrin liegt der **Aachener Weiher** [D8], der auch gerne wegen seines Biergartens (s. S. 30) aufgesucht wird.

› Haltestelle: Hans-Böckler-Platz/Bf West (Belgisches Viertel) oder Moltkestr. (Aachener Weiher) oder Universität (Univiertel).

Innenstadtring

Der **Hohenzollernring** [F7] mit seinen hochherrschaftlichen Häusern war einst das Prunkstück der Ringstraßen – jedoch wurden große Teile im Zweiten Weltkrieg zerstört. Im Süden liegt der **Rudolfplatz** 34, gut erhalten trotzt hier das einst prächtigste Eingangstor, die **Hahnentorburg**, dem Zahn der Zeit. Der Rudolfplatz wurde nach König Rudolf von Habsburg benannt, der 1273 bis 1291 regierte. Entsprechend schließt sich im Süden der **Habsburgerring** an. Fließend ist der Übergang in den **Hohenstaufenring**, dann folgt der **Barbarossaplatz** [F9], der aber kein „Platz" im Wortsinn ist, sondern eine Ende des 19. Jahrhunderts erbaute sternförmige Straßenkreuzung.

› Haltestelle: Christophstr./Mediapark, Friesenplatz, Rudolfplatz, Zülpicher Platz oder Barbarossaplatz

Südlicher Ring

Am Barbarossaplatz beginnt der **Salierring**, dem der **Sachsenring** folgt, wo man Reste der mittelalterlichen Stadtmauer finden kann. An den

Relikte der mittelalterlichen Stadtbefestigung

043kn Abb.: kk

*Ab 1180 wurde im Zuge der dritten Stadterweiterung ein trutziger **Mauerwall** errichtet, dessen einstigem Verlauf die heutigen Ringstraßen folgen. Die vorher vor den Stadttoren gelegenen wichtigen Stifte und Kirchen St. Kunibert 37, St. Gereon 32, St. Pantaleon 50 und St. Severin 46 wurden durch die Mauer in die befestigte Stadt einbezogen und geschützt. Das bis zu 3 m starke Gemäuer war 7,5 km lang und mit 52 Wehrtürmen, Gräben und Wällen gesichert. 13 Tore, meist ausgebaut zu Torburgen, gewährten an der Landseite Einlass. Bau, Instandhaltung und Modernisierung des Bollwerks verschlangen immense Summen, doch der Aufwand lohnte sich: Köln war über Jahrhunderte hinweg uneinnehmbar.*

***Im 12. Jahrhundert** war die Stadt mit 40.000 Einwohnern doppelt so groß wie zur Römerzeit und die **größte Stadt Mitteleuropas.** Rund 700 Jahre sollte die Stadtentwicklung im Wesentlichen innerhalb der Stadtmauer verlaufen. **Im 19. Jahrhundert** bauten die Preußen die Mauer nochmals aus, doch Ende des Jahrhunderts platzte die Stadt mit mehr als 100.000 Einwohnern schließlich aus allen Nähten. Ab 1881 erfolgte daher der **Abriss** der mittelalterlichen Mauer.*

*Drei **Stadttore** sind bis heute komplett erhalten: das Eigelsteintor 40, das Hahnentor 34 und das Severinstor 45. Längere **Mauerstücke** sind noch am Hansaring und am Sachsenring zu finden.*

Das Hahnentor 34, ein Überbleibsel der mittelalterlichen Stadtbefestigung, steht heute mitten auf dem Rudolfplatz

Sachsenring schließt sich das kurze Stück des **Karolingerrings** an. Dann folgt der **Chlodwigplatz**, der als Mittelpunkt der Südstadt gilt. Hier steht das dritte der heute noch erhaltenen mittelalterlichen Stadttore, das **Severinstor** 45. Der südlichste Bereich des Rings bis zum Rhein ist der **Ubierring.** Kurz vor dem Rhein steht als mittelalterlicher Zeuge die efeuüberwucherte **Bottmühle** (An der Bottmühle), die 1587 als Windmühle auf einem stadtseitigen Wehrplateau errichtet wurde. Am Flussufer trifft der Ubierring auf den Rheinauhafen 51.

› Haltestelle: Barbarossaplatz, Eifelstr., Ulrepforte, Chlodwigplatz oder Ubierring

30 Mediapark ★ [F5]

Im Zuge des Ausbaus der Stadt Kölns zum **Medienzentrum** entstand auf dem Gelände des ehemaligen Güterbahnhofs Gereon der Mediapark. Die Glasbauten des Mediaparks – am höchsten der KölnTurm mit 43 Etagen – beherbergen zudem Kliniken und Arztpraxen, Büros- und Wohungen sowie das Kinozentrum Cinedom. Auch Grünflächen und ein See gehören zum Gelände.

› www.mediapark.de, Haltestelle: Christophstr./Mediapark

31 Friesenviertel ★★ [F7]

Dieser Teil Kölns dehnt sich etwa zwischen dem Hohenzollernring und dem Appellhofplatz, zwischen der Kirche St. Gereon 32 und der Magnusstraße aus. Ruhige Seitenstraßen, **Einzelhandelsgeschäfte** und hippe **Vergnügungslokale** (dicht an dicht entlang dem Hohenzollernring [F7] und in der Friesenstraße [F7]) dominieren das Gesicht des Stadtteils.

› Haltestelle: Friesenplatz oder Rudolfplatz

EXTRATIPP

Ausgehmeile

Entlang des **Hohenzollern-, Habsburger- und Hohenstaufenrings** – also zwischen Friesenplatz [F7] und Zülpicher Platz [F9] – haben sich zahlreiche Restaurants, Großraumcafés und Kinos angesiedelt und insbesondere am Wochenende tummeln sich hier die Ausgehfreudigen. Wenn anderswo die Bürgersteige schon hoch geklappt sind, herrscht in den hiesigen Kneipen und Bars, Klubs und Discos noch immer reger Betrieb.

› Haltestelle: Friesenplatz, Rudolfplatz oder Zülpicher Platz

32 Kirche St. Gereon ★★★ [F6]

Die im Norden des Friesenviertels stehende romanische Kirche des Stadtpatrons St. Gereon ist eine der imposantesten mittelalterlichen Bauten des Abendlandes. Lange Jahre war diese Märtyrergedächtniskirche das nach dem Dom ranghöchste und prachtvollste Gotteshaus der Stadt. St. Gereon ist einer der ältesten Sakralbauten Kölns. In den 1600 Jahren haben sich spätantike, romanische und gotische Bauteile erhalten.

Die lange Historie geht auf einen römischen **Vorgängerbau** aus der zweiten Hälfte des 4. Jh. zurück. Bauherr war vermutlich ein wohlhabender Angehöriger der Kaiserfamilie, der sich einen mit Marmor und Goldmosaiken ausgeschmückten Grab- oder Gedächtnisbau errichten ließ.

Unter den Franken erfolgte vom 6. Jh. an die Umwandlung in eine **kaiserliche Stiftskirche für Männer.** Man weihte die Kirche dem Gedächtnis derer, die sich der Gereons-Legende nach in der Spätzeit des heidnischen Rom zum christlichen Glauben bekannten und deshalb den Tod erlitten.

044kn Abb.: kk

Frankenherrscher nutzten die reich ausgestattete und mit Reliquien angefüllte Stiftskirche für Krönungs- und Versammlungszeremonien und ließen sich und ihre Angehörigen hier bestatten. Auch Kleriker fanden ihre letzte Ruhe in St. Gereon, der bekannteste unter ihnen Erzbischof Hildebold, der Gründer des Alten Doms (816 beigesetzt, die Grabplatte ist in der ersten Kapelle auf der südlichen Seite des Hauptraums sichtbar).

Zur romanischen Bauzeit wurde St. Gereon nicht wie andere Kirchenbauten abgerissen, sondern über dem **ovalen Sockelgeschoss** (gut im Inneren zu erkennen, einst ab dem Laufgang im zweiten Obergeschoss überdacht) wurde von 1219 bis 1227 ein zehneckiger, kuppelgekrönter **Hauptraum (Dekagon)** aufgebaut. Im Inneren des **zehneckigen Hauptraums** erhebt sich eine übermächtige Kuppel auf eine Höhe von knapp 35 m. Diese ab 1219 errichtete **Kuppel** war zusammen mit der berühmten Hagia Sofia in Konstantinopel und dem Dom von Florenz eine der größten des Mittelalters. Der **Fußboden** im Dekagon zeigt im Zentrum die Enthauptung des hl. Gereon.

Im Untergeschoss stehen in der 1190 gebauten **Gruftkapelle** drei Steinsarkopharge, welche angeblich die sterblichen Überreste des hl. Gereon und seiner Gefährten bergen. Im 12. Jahrhundert fand man hier prächtig gekleidete, mit Schmuck und Waffen ausgestattete Leichname und deklarierte diese als die heiligen Märtyrergebeine. Aus heutiger Sicht stammen die Gräber aber vermutlich

Der fast 150 m hohe KölnTurm überragt den Mediapark 30

KLEINE PAUSE

Brauhaus-Tipp

157 [F7] **Brauhaus Päffgen** €€, Friesenstr. 64–66, Haltestelle: Friesenplatz, Tel. 135461, www.paeffgen-koelsch.de, geöffnet: 10–24 Uhr. Oft volles Traditionsbrauhaus mit „Beichtstuhl“, in dem schon seit 1884 im Hinterhaus gebraut wird. Der Biergarten ist im Winter überdacht und beheizt.

Der heilige Gereon: vom Kriegsdienstverweigerer zum Stadtpatron

Der spätmittelalterlichen Überlieferung zufolge war Gereon im Auftrag des römischen Kaisers Diokletian ***Befehlshaber*** *über in Köln stationierte Soldaten der Thebäischen Legion aus Oberägypten. Weil Gereon und seine inzwischen zum Christentum konvertierte Truppe sich weigerten, den römischen Kaiser wie einen Gott anzubeten und an der Christenverfolgung um 303 teilzunehmen, wurden sie allesamt vor den Toren Colonias* ***enthauptet.*** *Ihre Leichname sollen über freie Felder geschleift und in einen ausgetrockneten Brunnenschacht geworfen worden sein.*

Gereon wie auch die Soldatenmärtyrer wurden von den frühen Christen wegen ihres Widerstandes als ***Märtyrer*** *verehrt. Auch bei den Franken war Gereon später als* ***Soldatenheiliger*** *populär. Sein vermeintlicher Grabesort, die Gereonskirche* ***32****, wurde den Märtyrerhelden geweiht und Gereon avancierte sogar zum Stadtpatron Kölns.*

aus fränkischer Zeit, denn römische Soldaten, die sich zudem dem Befehl des Kaisers widersetzt hatten, hätte man nicht auf diese Weise bestattet. Der Zweite Weltkrieg fügte der Kirche große Schäden zu, hinter dem Eingang zeigt ein Bodenmosaik das zerstörte Dekagon.

› Gereonsdriesch 2–4, Haltestelle: Christophstr./Mediapark, Tel. 134922, www.stgereon.de, geöffnet: Mo.–Fr. 10–18, Sa. 10–17.30, So. 13–18 Uhr

33 Belgisches Viertel ★★ [E7]

Dieses westlich des Hohenzollernrings gelegene Viertel entspricht etwa dem **mittleren Teil um den Neustadtring**, also in etwa dem Quadrat zwischen Venloer Str. und Aachener Str., zwischen Hohenzollernring und dem Inneren Grüngürtel.

Das Belgische Viertel hat seinen Namen von den Straßen, die es durchziehen: Brüsseler, Genter, Antwerpener und Lütticher Straße. Es gibt aber auch die Maastrichter und die Aachener Str. – „belgisch" ist also großzügig ausgelegt. Herzstück ist der **Brüsseler Platz** [E7] an der **Kirche St. Michael.** Historische Relikte oder andere bedeutsame Sehenswürdigkeiten gibt es hier nicht, dafür aber hübsche Jugendstilfassaden und einen ganz speziellen urbanen Mix.

Das Belgische Viertel ist ein **„Szeneviertel".** Es gilt als „hip" und immer mehr citymüde Kunstschaffende, Modemacher, Goldschmiede, Designer und Gastronomen fühlen sich hier heimisch und bieten vieles – außer Mainstream!

› Haltestelle: Friesenplatz oder Rudolfplatz

34 Rudolfplatz und Hahnentor ★ [F8]

Am Rudolfplatz – zwischen Hohenzollernring und Habsburgerring – steht das von Seitentürmen flankierte, zinnenbewehrte **Hahnentor** als Rest der **mittelalterlichen Stadtmauer.** Es fungierte als Kaisertor der mittelalterlichen Königskrönungsstraße, die in Aachen begann. Die dort frisch gekrönten deutschen Könige unternahmen als erste Amtstat einen Pilgerzug zu den Reliquien der Heiligen Drei Könige (s. S. 65) nach Köln.

› Haltestelle: Rudolfplatz

35 Univiertel ★ [E9]

Südwestlich von Zülpicher Platz und Barbarossaplatz liegt das sogenannte „Kwartier Lateng" – nicht schwer zu erraten, dass sich der Name in kölscher Variante auf das Pariser **Studentenviertel** Quartier Latin bezieht.

Seine Prägung erhält das Viertel durch die nahe **Universität** mit ihren über 50.000 Studierenden. Diese fühlen sich nicht nur in Bibliotheken und Hörsälen wohl, sondern auch in **Cafés, Kneipen, Weinstuben, Biergärten und Bars** und nutzen die ausgedehnten Wiesen des Inneren Grüngürtels für Seminarpausen.

Im ausgehenden 19. Jahrhundert für verschiedene Bevölkerungsschichten geplant, stehen die engen Mietskasernen um die Zülpicher Straße. [E9] im deutlichen **Kontrast** zu den großen Jugendstilhäusern entlang der Roonstraße. [E8/9]. In der Roonstraße 50 liegt um die **Synagoge** herum das heutige jüdische Zentrum Kölns. Der Grundstein dieser einzig verbliebenen der einstmals sieben Synagogen der Rheinmetropole wurde 1895 gelegt. In der „Reichskristallnacht" 1938 wurde sie zwar stark beschädigt, insgesamt jedoch ließen die Beschädigungen, auch die des Zweiten Weltkrieges, eine Rekonstruktion zu.

Der in der Roonstr. gelegene **Rathenauplatz** [E9] ist eine kleine, gern besuchte **Oase** inmitten des Univiertels. Umgeben von Großbürgerhäusern spielt man hier gerne Boule oder lässt es sich in den umgebenden **Gastronomiebetrieben** gut gehen. Imposant ist der Blick auf die Synagoge.

› Haltestelle: Zülpicher Platz, Dasselstr./Bf Süd, Köln Süd oder Barbarossaplatz

EXTRATIPP

Kneipenviertel

Wer nicht mehr als einen Steinwurf von Kneipe zu Kneipe zurücklegen möchte, der ist im ringnahen **Kneipenviertel am Zülpicher Platz** [F9], in der Zülpicher Str., der Kyffhäuserstr., der Hochstadenstr, der Heinsbergstr. und der Luxemburger Str. goldrichtig. Das Angebot umfasst Studentenkneipen, Bistros, Klubs und Bars sowie Restaurants und Imbisse aus aller Herren Länder.

› Haltestelle: Zülpicher Platz, Barbarossaplatz, Dasselstr./Bf Süd oder Köln Süd

KLEINE PAUSE

Stadtgarten

An das Belgische Viertel 33 grenzt entlang der Spichernstraße der Stadtgarten an. Unter seinen **hohen Bäumen** kann man auf Wiesen verweilen oder im gleichnamigen **Biergarten** (s. S. 30) einkehren.

› Haltestelle: Hans-Böckler-Platz/Bf West

Die Synagoge am Rathenauplatz

Nordstadt

Im Norden des Rings, rund um das Eigelsteintor 40 und den Ebertplatz [H5], erstreckt sich ein vielgestaltiges Areal. Kölsche Lebensart mit einem Hauch Orient am Eigelstein wie auch in Nippes, das bunte Allerlei aus Szenekneipen, Programmkinos und internationaler Küche in den gründerzeitlichen Wohngebieten jenseits des Rings und dazwischen romanische Sakralarchitektur.

Die **Eigelsteintorburg** 40 markierte bis zur Wende zum 20. Jh. den nördlichsten Durchlass der mittelalterlichen Stadtmauer. Diesseits hatte sich Kölns städtische Besiedlungsgeschichte vollzogen, jenseits lag die Neustadt Nord, die lange Zeit dörfliches Gebiet war. In beiden Bereichen hat der Zweite Weltkrieg deutlich weniger Zerstörung hinterlassen als in der Innenstadt. So warten hier größere Gebiete und längere Straßenzüge mit schmuckvollen Fassaden auf.

36 Konrad-Adenauer-Ufer ★★ [I5]

Das Konrad-Adenauer-Ufer zieht sich von der Hohenzollernbrücke bis zur Zoobrücke. Namenspate ist natürlich der beliebte Oberbürgermeister Adenauer, der später Bundeskanzler wurde. Die breite **Uferpromenade** eignet sich vorzüglich zum Spazierengehen, Radfahren, Joggen oder Skaten.

Vom **Breslauer Platz** [H6], der Hinterseite dess Hauptbahnhofs, bis zur **Zoobrücke** sind es rund 2,5 km. Dort kann man an der Haltestelle Zoo/Flora in eine Stadtbahn steigen oder auch per **Rheinseilbahn** (s. S. 98) ins Rechtsrheinische fahren.

…en hin wechselt der … Niederländer Ufer. Im wei-…eren Verlauf biegt die Autostraße ab, an der Rheinpromenade wird es immer ruhiger und bis zur Mülheimer Brücke verläuft der Fuß- und Radweg entlang der immer breiter werdenden **Rheinwiesen** (ca. 2 km, zwischendrin Haltestellen Boltesternstr. und Slabystr. an der Riehler Str.).

› Haltestelle: Breslauer Platz/Hbf oder Ebertplatz

37 Kirche St. Kunibert ★★ [I5]

Diese nahe dem Rhein gelegene ehemalige Herrenstiftskirche wurde als **letzte der großen romanischen Kirchen** fertiggestellt. Nur ein Jahr nach St. Kuniberts Weihe wurde der Grundstein des gotischen Doms 1 gelegt. Architektonisch das Ergebnis einer Umbruchphase, führt das 1215 bis 1247 erbaute Gotteshaus die typische klare Formgebung der Romanik mit der hohen und lichten Bauweise der Gotik zusammen. Besteht von Außen der Eindruck der strengen Gradlinigkeit, überrascht der Innenraum mit einer harmonischen Wirkung von Höhe und Weite.

Der **Chorraum** ist eine der prächtigsten Schöpfungen der Spätromanik, seine heutige Innenausgestaltung kommt dem historischen Original sehr nahe. Überragend sind die **Glasgemälde**, die auf die Jahre zwischen 1220 und 1250 datieren und zu den bedeutendsten Fenstern ihrer Art gehören. Das rechte Fenster des Obergeschosses illustriert die Geschichte des heiligen Kunibert, dem eine Taube das Grab der heiligen Ursula zeigt (s. S. 102). Drei **Schreine** flankieren den Hochaltar, Kunibert soll im rechten bestattet sein.

› Kunibertsklostergasse 2, Haltestelle: Breslauer Platz/Hbf, Tel. 121214, www.basilika-st-kunibert.de, geöffnet: Mo.–Fr. 10–13, 15–18, So. 15–18 Uhr

38 Zoo und Aquarium ★★ [J3]

Über 700 Tierarten aus aller Welt leben in geräumigen Gehegen im rund 20 Hektar großen **Zoo.** Beliebt sind der Elefantenpark, das Erdmännchengelände und der Affenfelsen. Der Clemenshof ist ein **Bauernhof nach bergischem Vorbild** und die Heimat von alten, bedrohten Nutztierrassen wie Bergischen Schlotterkammhühnern, Schwarzbunten Niederungsrindern, Schwäbisch-Hällischen Schweinen und Poitou-Eseln. Prominentenstatus hat **Hennes, das Maskottchen des 1. FC Köln.** Eine Flagge am Stall zeigt an, ob der Ziegenbock zu Hause oder beruflich unterwegs ist. Auch bei Regenwetter lohnt ein Besuch, denn im Vogel-, Urwald- und Regenwaldhaus sowie im nebenan angegliederten **Aquarium** (Fische, Reptilien, Amphibien, Insekten) ist es trocken.

EXTRATIPP

Rheinseilbahn

In 40 m Höhe kann man aus einer geschlossenen **Gondel** heraus die Aussicht auf die Stadt genießen. Die Trasse ist 930 m lang und hat zwei Stationen zu Füßen der Zoobrücke: eine linksrheinisch **in der Nordstadt beim Zoo** 38 (Haltestelle: Zoo/Flora) und eine rechtsrheinisch **im Deutzer Rheinpark** 52 (Haltestelle: Koelnmesse). Die Fahrzeit beträgt sechs Minuten.

› www.koelner-seilbahn.de, Tel. 5474183, geöffnet: April–Oktober 10–18 Uhr, einfache Fahrt: 4,50 €

› Riehler Str. 173, Haltestelle: Zoo/Flora, auch zu erreichen ab Deutzer Rheinpark mit der Rheinseilbahn oder ab der Domplatte mit der Bimmelbahn Zoo-Express, Tel. 56799100, www.zoo-koeln.de. Geöffnet: März bis Oktober von 9 bis 18 Uhr und November bis März von 9 bis 17 Uhr. Eintritt Zoo und Aquarium: 17,50€.

39 Flora und Botanischer Garten ★ [J2]

Gegenüber dem Zoo 38 flankieren zwei als Ausstellungsräume genutzte Pavillons das Tor zum Botanischen Garten. Von hier blickt man auf die Flora, eine **Gartenanlage** mit einer schlossähnlichen Veranstaltungshalle und einem Café. Dahinter erstreckt sich der eigentliche Botanische Garten mit nach Regionen geordneten Pflanzengruppen, Teichen und **Schaugewächshäusern**. Pflanzenfreunde erfreuen sich hier an 10.000 kultivierten Pflanzenarten aus aller Welt.

› Haupteingang: Alter Stammheimer Weg, Haltestelle: Zoo/Flora, Tel. 560890, www.freundeskreis-flora-koeln.de, geöffnet: 8 Uhr bis Dämmerung, Gewächshäuser 10–16 Uhr, Café 11–18 Uhr

40 Eigelsteinviertel und Eigelsteintor ★★ [H5]

Südlich des Ebertplatzes und nördlich des Hauptbahnhofs liegt der Eigelstein. Dieses Viertel hinter dem Bahnhof zeichnet sich durch ein **lebendiges Durcheinander** und Miteinander aus – kölscher Orient und orientalisches Kölsch im Wechselspiel und zwischendurch immer wieder Fassaden aus der Gründerzeit.

Kölschstes Beispiel: die **Straße Eigelstein** [H5] mit kölschen Wirtschaften, kölscher Brauerei und kölschem Dialekt. Dazwischen haben sich Dönerbuden eingereiht.

Türkischstes Beispiel: die **Weidengasse** [H5] voller türkischer Einzelhändler, Imbissstuben und Teehäuser. Inmitten dieses morgenländischen Flairs wirken die auffällig vielen Marienstatuen an den Hausfassaden fast schon exotisch. Auch urkölsche Antikläden erinnern daran, dass man nicht durch Istanbul bummelt.

Das Erbe des Eigelstein ist uritalienisch, denn hier verlief vor rund 2000 Jahren eine wichtige **römische Heerstraße** vom Nordtor 3 der Colonia nach Norden.

Die sich nahe dem Ebertplatz befindende **Eigelsteintorburg** erinnert an Kölns mittelalterliche Historie. Noch heute steht sie als eines der drei erhaltenen mittelalterlichen Stadttore in voller Größe an Ort und Stelle, wenn auch nicht mehr komplett. Rund um das Portal reihen sich Kneipen und Cafés aneinander, bei schönem Wetter stehen Tische und Stühle draußen.

Hinter dem trutzigen Relikt zeigt der **Ebertplatz** [H5] wieder einmal, wie geschmacklos Stadtplätze ge-

KLEINE PAUSE

Gartenkultur und Pflanzenvielfalt

In den gepflegten Gartenanlagen von **Flora und Botanischem Garten** laden Bänke sowie ein Café zur Rast ein. Picknicken auf dem Rasen ist jedoch nicht erlaubt und Hunde müssen draußen bleiben. Immer etliche Grad wärmer ist es in den Gewächshäusern.

› Haltestelle: Zoo/Flora

048kn Abb.: kk

staltet sein können. Hier beginnt die Neusser Str., die nach Norden mitten durch das Agnesviertel 42 nach Nippes 44 führt. Am Ebertplatz trifft man auch auf den Ring (s. S. 91).

› Haltestelle: Breslauer Platz/Hbf oder Ebertplatz

41 Kirche St. Ursula ★★★ [H6]

Wie so oft in Köln, befand sich auch an diesem Platz ein römischer, dem Totengedächtnis gewidmeter Vorgängerbau. Darunter lag ein Gräberfeld, wo römische Soldaten neben ubischen Bauern, armenischen Händlern oder frühen Christen bestattet wurden.

Eine um 400 n. Chr. entstandene Schrifttafel (in die südliche Chorwand der Kirche eingelassen) erzählt die abenteuerliche Wandlung in eine Stätte der Märtyrerverehrung: Ein von Visionen angetriebener römischer Senator namens Clematius ließ das – vermutlich beim ersten Frankensturm zerstörte – Gebäude von Grund auf neu erbauen. Die romanische Kirche entstand **zu Ehren heiliger Jungfrauen**, die im Namen Christi genau an dieser Stelle einen blutigen Märtyrertod erlitten haben sollen.

Ab 922 gehörte die Kirche zu einem vornehmen **Frauenstift.** Im selben Jahrhundert künden legendenhafte Erzählungen von einer Anführerin der Jungfrauen, einem holden Fräulein namens **Ursula**, von königlichem Geblüt und christlichem Gemüt (s. S. 102).

Als man im frühen 12. Jahrhundert nahe der Kirche große Mengen an Knochen fand und so der Kult um die heilige Ursula und ihre 11.000 jungfräulichen Begleiterinnen seine Blütezeit erlebte, wurde dies durch den Bau einer neuen und größeren Basilika manifestiert. Scharenweise ström-

⌃ Das Eigelsteintor ist eines der drei erhaltenen mittelalterlichen Stadttore

ten Pilger auf den Spuren des Jungfrauenmartyriums in die Ursulakirche, eine **dreischiffige Emporenbasilika**, die älteste ihrer Form am Niederrhein. Im 17. Jahrhundert folgte eine barocke Ausschmückung. Alles dreht sich hier um die Heilige und ihre Gefährtinnen – sowie um den Kult um ihre Reliquien.

Zur Aufbewahrung der heiligen Jungfrauenknochen baute man 1643 ein **barockes Beinhaus:** die **Goldene Kammer.** Bis heute hat sich dieser überdimensionale Schrein im südwestlichen Kirchenteil erhalten. Hier kann man einen interessanten Einblick in den Kölner Reliquienkult und den Umgang der Kölner mit ihren Heiligen gewinnen. In den unteren Bereichen stehen in Wandschränken **Reliquienbüsten** in Form hölzerner Häupter – weibliche wie männliche – und silberne Schreinkästchen. Hinter mit Gold und Rankenwerk verzierten Schranktüren haben Totenschädel ihren Platz gefunden – rund 700 **Schädelreliquien** und 122 **Reliquienbüsten** gibt es hier, viele von ihnen mit Gold, Silber, Perlen oder Pailletten geschmückt oder in Samt oder Seide gehüllt. Die kostbaren Stoffe sind mit Edelsteinen verziert oder mit Spruchbändern bestickt. In den oberen Wandreihen hängen **Knochen,** nach Art sortiert und als formenreiches Ornament oder fromme Inschrift gruppiert. Manch einer mag von dem Anblick entsetzt sein. Der Name „Schreckenskammer" kursiert, ist aber nur bedingt richtig, denn der Raum ist eher der Ausdruck tiefer Todesseligkeit und das unsagbar liebliche Lächeln der „Kölscher-Mädcher"-Holzbüsten lenkt bestens von jedem Schaudern ab. Der prächtig verzierte Goldsarg ist der des Ätherius, dem Ursula zur Gattin versprochen war.

KLEINE PAUSE

Brauhaus-Tipp

158 [H5] **Brauhaus Em Kölsche Boor** €€, Eigelstein 121, Haltestelle: Ebertplatz, Tel. 135227, www.koelscheboor.com, geöffnet: 10.30–24 Uhr. Reichlich Gaffel-Kölsch, kölsche Brauhausspezialitäten, internationale Fleischgerichte und uriger Charme.

Im Kirchenraum ist **Ursula** allgegenwärtig. Unter anderem im nördlichen Querhaus, an einem Marmorsarkophag aus dem 17. Jahrhundert. Er zeigt die Stadtpatronin liegend als weiße Alabasterfigur. Am prunkvollsten ist der hinter dem Hochaltar stehende goldverzierte Schrein der Ursula. Und auch an höchster Stelle findet sich Ursula: Auf dem Dach ist die Kirche mit einer Barockhaube verziert, diese zeigt ein Kreuz und eine Krone und erinnert symbolisch an die Heilige.

Im ursprünglichen Äbtissinnenraum auf der Damenempore zeigt eine Ausstellung Werke des kostbaren mittelalterlichen **Kirchenschatzes.**

› Ursulaplatz 30, Haltestelle: Breslauer Platz/Hbf, Tel. 133400, www.heilige-ursula.de, geöffnet: Mo./Di. u Do.-Sa. 10–12, 15–17, Mi./So. 15–16.30 Uhr

42 Agnesviertel ★★ [H4]

Rund um die Neusser Straße, zwischen Innerer Kanalstr. und Ebertplatz sowie zwischen Rhein und Krefelder Str., zeigt sich das Agnesviertel in schönem **Jahrhundertwendestil.** Bis Ende des 19. Jahrhunderts gab es hier vor der Stadtmauer ausgedehnte Gemüsefelder und Viehweiden, dann begann der Wohnungsbau und Köln

Die Legende der heiligen Ursula

*Ein bedeutender **Schutzpatron Kölns** ist weiblichen Geschlechts und zudem eine holde und mutige Jungfrau von angeblich königlicher Abstammung. Die Legende der heiligen Ursula wurde im Laufe der Zeit mehrmals verändert, zudem gibt es verschiedene Auslegungen der Detailfragen, denn: „Nichts Genaues weiß man nicht“.*

*Es ging zunächst darum, dass bei einer **Belagerung Kölns** durch die Hunnen elf heilige Jungfrauen umgebracht wurden. Um das Jahr 400 herum initiierte Senator Clematius die Erneuerung einer **Kirche,** die diesen Jungfrauen gewidmet war. Bis ins 10. Jahrhundert wurde die Kirche „Zu den Heiligen Jungfrauen“ genannt, dann fand man den alten **Grabstein eines Mädchens** namens Ursula (laut Beschriftung gestorben im Alter von acht Jahren, vermutlich konnten die Entdecker aber nur den Namen entziffern). Dieser Fund führte dazu, die Anführerin der Jungfrauen sowie die Kirche fortan Ursula zu nennen und die Legende niederzuschreiben.*

*Im 12. Jh. erlebte die Überlieferung eine ungeheure Renaissance, denn man entdeckte bei Bauarbeiten an der neuen Stadtmauer in der Nähe der Ursulakirche ein Gräberfeld (römischen Ursprungs) und glaubte, die **Ruhestätte der heiligen Jungfrauen** gefunden zu haben. Ein wahres Reliquienfieber setzte ein. Man fand viele Knochen, und – typisch kölsch in der Lust auf den Superlativ – aus den elf Jungfrauen wurden schnell 11.000. Oder war es nur ein Lesefehler bei der Entzifferung der auf Lateinisch niedergeschriebenen Legende? Die Abkürzung „M“ = „Martyres“ (Märtyrerinnen) vor der römischen Ziffer XI wurde nämlich als „Mile“ (tausend) interpretiert. Wie auch immer: Da man zudem Skelette von Männern und Kindern barg, wurde die Legende nochmals umgeformt und von nun an sollten sich Kirchenmänner sowie Kinder der Schar der Jungfrauen angeschlossen haben und allesamt – frei von Sünde – den Märtyrertod gefunden haben. Der Reliquienhandel konnte konform mit der Legende blühen.*

mauserte sich von der Reichsstadt zur Großstadt.

Belebt, aber ohne Gedränge geht es auf der Neusser Straße zu, die im Süden in den Ebertplatz mündet. Unübersehbar steht die **St. Agnes Kirche** am **Neusser Platz** [H4] mitten im Viertel. Die Turmspitze dieser 1902 fertig gestellten, zweitgrößte Pfarrkirche Kölns, ging nicht etwa im Krieg verloren, sie wurde „ohne Helm“ erbaut.

› Haltestelle: Lohsestr., Ebertplatz oder Reichenspergerplatz, Veedel-Infos im Web: www.agnesviertel-erleben.de

43 Fort X ★ [I3]

Zwischen dem Agnesviertel 42 und Nippes 44 hat sich an der Neusser Str./Ecke Innere Kanalstr. eine der bedeutendsten **preußischen Festungen** Kölns im Original erhalten, das Fort X (X ist die römische Zahl 10). Das Fort wurde ab 1816 als frei stehende Festung errichtet und ab 1881 in die geschlossene Stadtumwallung integriert. Das Bollwerk steht in einem kleinen **Park,** im ehemaligen Festungsgraben sind mehrere Spielplätze angelegt. Der auf dem Dach des äußeren Bauwerks angelegte **Rosengarten** ist öffentlich zugänglich.

› Haltestelle: Reichenspergerplatz oder Lohsestr.
› keine Besichtigung von innen möglich

44 Nippes ★★ [H2]

Nein, Nippes in Köln ist kein Ramsch, kein Tand, kein Firlefanz, Nippes ist ein Stadtteil – ein Veedel **rund um die Neusser Straße,** aber nördlich der Inneren Kanalstr. Nippes wird als das „Herz des Nordens“ bezeichnet und zeugt von Weltoffenheit, denn hier schlägt unverkennbar ein kölsch-türkisches Herz.

Die Haupteinkaufsstraße des Viertels ist die Neusser Straße. Jeden Vormittag (außer sonntags) wird ganz in der Nähe, auf dem **Wilhelmplatz** (s. S. 23), ein **Markt** mit charakteristisch kölsch-türkischem Ambiente abgehalten. Der Wilhelmplatz, der **Leipziger Platz** und der **Erzberger Platz** sind die drei attraktivsten Fleckchen in Nippes. Egal wo man eine Pause einlegt, alle Plätze sind von vielen schönen Häusern der Gründerzeit gesäumt.

› Haltestelle: Lohsestr. oder Florastr.

Südstadt

Die Südstadt ist aufgrund ihres Wohlfühlcharakters vielbesungen und überrascht mit Kontrasten, wie dem urkölschen Severinsviertel 45 und dem ultramodernen Rheinauhafen 51. Hier geht es durchaus gemächlich zu, den Innenstadtrummel kann man hinter sich lassen.

Weite Teile der Südstadt lagen zu **römischer Zeit** vor den Toren Colonias. Die noch heute erhaltene imposante Severinstorburg 45 markiert

KLEINE PAUSE

Wildromantischer Rosengarten

Schön ist der Rosengarten des **Fort X** 43, der oben in der einstige Festungsanlage angelegt wurde. Die Anmut der Rosen verbindet sich mit dem rauen Charme des Bollwerks in eigentümlicher Weise. Geöffnet: Mo.-Fr. 7-20, Sa./So. 9-20 Uhr.

das Südende der mittelalterlichen Stadtausdehnung. Zu dieser Zeit prägten Kirchen und Klöster die Gegend, im Hinterland wurden Acker- und Weinbau sowie Viehzucht betrieben. Zur Zeit der **Industrialisierung** entstanden diverse Fabriken, von denen manche in die säkularisierten Klostergebäude einzogen. Auf den Landwirtschaftsflächen wurden Arbeiterviertel erbaut. Seit den 1970er-Jahren lösten **Sanierungen** und Umwandlungen von Miet- in Eigentumswohnungen den kleinbürgerlichen Charakter des Viertels auf. Jüngst umgestaltet wurden die Areale des Rheinauhafens 51 – hier sind ein völlig **neuer Stadtteil** und eine moderne Süd-Schauseite entstanden.

45 Severinsviertel und Severinstor ★★ [H10]

Am Chlodwigplatz, dem Schnittpunkt von Ubierring und Karolingerring, erhebt sich das **turmbestandene Severinstor** als beeindruckender steinerner Zeuge der mittelalterlichen Stadtmauer – die zinnengekrönte Bauform wird auch zur Torburg geadelt. **Im Norden** des Platzes beginnt die **Severinstraße,** die ins Herz der Südstadt führt.

Das rund um Severinstor, Kirche St. Severin 46 und Severinstraße gelegene Severinsviertel, auch „Vringsveedel" genannt, gilt als exemplarisches **kölsches Veedel** mit einem beispiellosen Mix aus pulsierendem Leben und lockerer Gelassenheit. Der Name „Vringsveedel" erinnert mundartlich an Bischof Severin, der in der zweiten Hälfte des 4. Jahrhunderts lebte und als Heiliger und Stadtpatron sehr beliebt war. Die größte „Attraktion" des Viertels ist das **kölsche Ambiente**, beliebt sind auch die **Cafés und Kneipen**, z.B. in der Altenburger und der Merowinger Str.

Die **Severinstraße** ist eine abwechslungsreiche Einkaufsmeile, die sich vom Severinstor schnurgerade bis zum zur romanischen Kirche St. Georg 49 zieht. Würde man geradeaus weitergehen, käme man über die Hohe Pforte in die Fußgängerzone Hohe Straße 7. Die Severinstraße ist vom **Bau der Nord-Süd-Stadtbahn** (s.S.131) gebeutelt: Straßensperrungen, Straßen- und Brückenbauarbeiten sowie der Bau der Haltestellen Severinstr., Kartäuserhof und Chlodwigplatz.

› Haltestelle: Chlodwigplatz, Kartäuserhof oder Severinstr
› Veedel-Infos im Web: www.severinsviertel.info

KLEINE PAUSE

Brauhaus-Tipp

159 [H11] **Brauhaus Früh em Veedel** €€, Chlodwigplatz 28, Haltestelle: Chlodwigplatz, Tel. 314470, www.fruehemveedel.de, geöffnet Di.–Sa. 11–24 Uhr. Hier sind nur wenige Touristen anzutreffen. Gesellige Brauhausatmosphäre, Früh-Kölsch aus dem Holzfass, *Rievekooche* oder andere urkölsche Kost.

46 Kirche St. Severin ★★ [H11]

Ein Gotteshaus mit bewegter Baugeschichte: Wohl kaum ein Gebäude in Köln (außer dem Dom 1) vereinigt die Spuren so vieler Epochen in sich wie die **romanische Kirche** St. Severin. Dennoch wirkt der Bau überraschend einheitlich.

Der Boden unter der Kirche ist bestens erforscht, die **Ausgrabungsanlagen** können besichtigt werden – es sind die beeindruckendsten unter allen Kölner Kirchen. Zum Ende des 4. Jahrhunderts hin war der erste Bau eine einfache christliche Friedhofskapelle, die inmitten eines Gräberfeldes stand, auf dem Ubier, Römer und Christen beigesetzt waren. Später begruben auch die Franken ihre Toten hier. Von der Friedhofskapelle ausgehend wurden in mindestens **acht Bauphasen** immer größere Kirchenbauten errichtet. Im 9. Jahrhundert wurde St. Severin ein **Herrenstift**, das schnell über beträchtliche Einnahmen verfügte und eine wichtige Position im Kölner Erzbistum erlangte.

Der Namensgeber Severin, der dritte Bischof von Köln, aber der erste des vermeintlich „wahren" christlichen Glaubens, lebte Mitte des 4. Jahrhunderts. Die Franken bestimmten zunehmend über die Stadt und verehrten **Severin** als Heiligen. Seine sterblichen Überreste fanden – nach einigem Hin und Her – in einen prächtigen **Goldschrein** ihre (vorerst) letzte Ruhe. Diesen Schrein mussten die Stiftsherren allerdings Ende des 18. Jahrhunderts einschmelzen lassen, um die Finanzforderungen der französischen Besatzer zu erfüllen. Damit verlor Köln den nach dem Dreikönigenschrein bedeutendsten und kostbarsten Goldschrein. Der heutige Schrein stammt aus dem Jahr 1819, er steht hoch erhoben auf vier schmucken Säulen hinter dem Altartisch. Unter dem Chor befindet sich eine säulenbestandene **Hallenkrypta.** Von hier aus erreicht man auch den Ausgrabungsbereich.

› Im Ferkulum 29, Haltestelle: Chlodwigplatz oder Kartäuserhof, Tel. 9318420, www.sankt-severin.de, geöffnet: Mo.–Sa. 9–18, So. 9–12, 15–17.30 Uhr, Kirchenführung durch Grab- und Fundamentanlagen und Sacrarium 2 bis 4 Mal monatlich, 8 €

47 Fort I ★ [I12]

Am Agrippinaufer, nahe der Südbrücke, befindet sich das ehemalige preußische **Fort I** – also Nummer 1 – umgeben vom Friedenspark. Das Bollwerk (nicht von innen zu besichtigen) wurde 1830 von den Preußen errichtet und später in die geschlossene innere Umwallung einbezogen. Nach Aufgabe der Wehranlage wurden die umliegenden Flächen zum **Friedenspark** mit Baumhainen, Bauspielplatz, Jugendcafé und Kriegergedächtnisstätte umgestaltet. Der Park grenzt an den nördlich gelegenen **Römerpark** an.

› Haltestelle: Schönhauser Str. oder Ubierring

KURZ & KNAPP

St. Severin
Vermutlich 348 in Bordeaux geborener **dritter Kölner Bischof** zur frühen Christenzeit. Engelschöre sollen ihm das Ableben des heiligen Martin übermittelt haben und auch sonst soll Severin nicht nur den reinen Glauben gepredigt, sondern allerlei Wundertaten vollbracht haben. Immerhin die Hälfte seiner Gebeine wurde auf einem römischen Friedhof vor den Toren Kölns beigesetzt. Später wurde an dieser Stelle die nach ihm benannte Severinskirche 46 erbaut.

48 Volksgarten ★★ [F11]

Zwischen Volksgartenstraße und Vorgebirgswall, zwischen Eifelstraße und Vorgebirgsstraße dehnt sich der **Volksgarten** aus. Spazierwege ziehen sich entlang der großflächigen Wiesen mit ihrem alten Baumbestand, in den Sommermonaten kann der **See** per Tretboot erkundet werden oder man kann es sich im **Biergarten** am Ufer bequem machen. In diesem 5,5 Hektar großen Park finden Kinder tolle **Spielflächen.**

Im Südwesten des Parks liegt das **Fort IV**, ein von den Preußen 1820 errichteter halbrunder, mit Türmchen flankierter Bau, der heute als Künstleratelier dient.

› Haltestelle: Eifelplatz

49 Kirche St. Georg ★ [H9]

Der allererste Vorgängerbau war vermutlich eine römische Polizeistation samt kleinem Tempel für eine Weggottheit. Hier lag einst die Handwerkervorstadt der römischen Colonia, direkt an einer Fernstraße, die nach Bonn führte.

Erzbischof Anno ließ die **romanische Kirche** im Jahr 1059 als Teil eines Herrenstiftes bauen. Die **dreischiffige Säulenbasilika** ist heute die einzig erhaltene ihrer Art im gesamten Rheinland. Die mächtigen, aus einem Stück gearbeiteten Säulen, die das Mittelschiff von den Seitenschiffen trennen, stammen aus römischen Bauten. Sie wurden bei der des **Langhauses** im 12. … eingebaut und stehen seitdem im Wechsel mit den schlanken Säulen der älteren Bauphase. Ungewöhnlich ist der quadratische Westchor mit seinen 3,5 m dicken Außenwänden, in die halbrunde Nischen und Laufgänge eingearbeitet sind. Der Patron der Kirche, der Drachentöter St. Georg, und der Bauherr, Erzbischof Anno, sind in einem Goldmosaik über der Eingangstür an der Außenseite der südlichen Vorhalle zu sehen.

› Georgsplatz 17, Haltestelle: Severinstr., Tel. 8888130, www.georg-koeln.de, geöffnet: 9–17 Uhr

049kn Abb.: kk

50 Kirche St. Pantaleon ★★ [G9]

Die **romanische Kirche** St. Pantaleon gehört zu den wenigen ehemaligen Klöstern Kölns, die Immunität genossen und in denen die Klosterangehörigen autonom waren und Schutz fanden. Eindrucksvoll ist das **Westwerk** der Kirche, das als eine der herausragenden Schöpfungen der Sakralbaukunst des 10. Jahrhunderts gilt. Es wurde auf Wunsch von **Theophanu** erreichtet, einer aus Konstantinopel stammenden byzantinische Prinzessin. Sie wurde hier bestattet, ein weißer Marmorsarkopharg birgt ihre Gebeine.

In der **Krypta**, dem Kultraum unter dem Chor, findet sich ein weiterer Sakopharg. Hier ist die Grabstätte des 965 gestorbenen Klostergründers **Bruno**, der als heilig gilt und sowohl eine hohe kirchliche, wie auch eine hohe weltliche Machtposition inne hatte. Bruno war der Bruder von Kaiser Otto dem Großen und amtierte als Reichskanzler an dessen Hof. 953 wurde er Kölner Erzbischof.

War die Kirche im 10. Jahrhundert ein einschiffiger Saalbau, so wurde sie in Mitte des 12. Jahrhunderts zu einer dreischiffigen Basilika erweitert. Zu Beginn des 16. Jahrhunderts folgte die prächtige **spätgotische Ausstattung.** Im Umgang hinter dem barocken Hochaltar findet sich der **Kirchenschatz.**

› Am Pantaleonsberg 2, Haltestelle: Poststr., Tel. 316655, www.sankt-pantaleon.de, geöffnet: Mo.–Sa. 9–17, So. 12–17 Uhr

St. Pantaleon vereint romanische bis spätgotische Baustile

51 Rheinauhafen ★★ [J11]

Am Rhein, zwischen der Severins- und der Südbrücke dehnt sich auf ca. 2 km Länge Kölns jüngst erbaute **Süd-Schauseite** aus.

Der Rheinauhafen ist **vielseitig** und vereint Luxusapartments und Lofts, Büro- und Gewerbegebäude, Kulturstätten, Ateliers, Gastronomiebetriebe, Freizeiteinrichtungen und Nobelhotels. Drei ca. 60 m hohe, den Rhein überragende **Kranhäuser** sind die Wahrzeichen. Die Formen erinnern an die einst hier vorhandenen historischen Hafenladekräne. Das nördlichste Kranhaus ist ein Wohnhaus, die beiden anderen fungieren als Bürogebäude.

Der Stadtteil ist eine autofreie Zone mit dem Sahnetupfer Rheinpromenade als pittoreske **Flaniermeile.** Gastronomiebetriebe bieten Bewirtung und Rheinblick an. Das Spektrum umfasst Bratwurst, Orientspezialitäten, Kölsch, Kaffee und Cocktails. Avantgardistische Neubauten und denkmalgeschützte, modern ausgebaute Altbauten stehen eng beieinander und verleihen dem Areal ein besonderes Flair. Alte Hafenausstattungen – wie Lager- und Zollhallen, Hafenamt, Lokschuppen und Getreidespeicher – erinnern an die Industriegeschichte. Schön anzusehen ist das **„Siebengebirge“** am Agrippinaufer: Die ehemaligen Speicherhäuser werden wegen ihrer markanten Dachgiebel so genannt. Unter dem Areal erstreckt sich eine 1600 Meter lange Tiefgarage.

Im Norden, an der Spitze der Rheinauhalbinsel, lädt das **Deutsche Sport- und Olympia Museum** (s. S. 36) zum Besuch ein, ebenso das **Schokoladenmuseum** 17 daneben und die gegenüberliegende Historische Senfmühle (s. S. 37). Nur wenige Gehminuten weiter nördlich, etwa ab der Deutzer Brücke, beginnt das Martinsviertel (s. S. 72).

> Haltestelle: Heumarkt, Ubierring oder Schönhauser Str.
> Infos: www.rheinauhafen-koeln.de, www.koelner-rheinauhafen.de

050kn Abb.: kk

Historische Hafenarchitektur und moderne Bauwerke verleihen dem Rheinauhafen Charme

Deutz

Popkonzert, Messe, Jahrmarkt und der beste Blick auf das Kölner Postkartenpanorama – es lohnt sich, auch diesen Stadtteil jenseits des Rheins zu besuchen.

Deutz ist so nah und doch so fern, denn in der Geschichte war der Fluss **Grenze und Trennlinie:** Linksrheinisch lag das mächtige Köln mit all seinen städtischen Privilegien, rechtsrheinisch die kleine Ortschaft Deutz.

Bewohner aus dieser Gegend hören von „richtigen Kölnern" allzu oft scherzhaft-hämische Urteile wie „Da fängt doch Asien an" oder „Warum wohnst du denn in Sibirien?". Das erst spät städtisch besiedelte Deutz stand über viele Jahrhunderte im Schatten der mächtigen Metropole auf der linken Rheinseite und war von ihr abhängig. Doch das rechte Ufer spielte eine **wichtige strategische Rolle,** denn wer im Besitz dieses Areals war, konnte den Strom kontrollieren – insbesondere den Handel – und so Köln die nach Osten führenden Wege abschneiden oder feindlichen Angreifern den Weg ebnen. So gab es immer wieder Streit um Deutz und mehrfach wurde das Städtchen zerstört. Erst das 18. Jahrhundert brachte Ruhe und Wohlstand.

In Deutz, Kalk und Mülheim entwickelt sich Köln prägnant in Richtung Zukunft. **„Strukturwandel"** heißt das städtebauliche Zauberkonzept. Als eine Art multifunktionales Dienstleistungs-, Handels- und Logistikzentrum mit Messe-, Service-, Büro-, Einkaufs- und Entertainmenteinrichtungen soll Deutz aus seiner Schattenexistenz heraustreten. Auch als Wohngegend erfährt dieses Stück Köln immer mehr Aufmerksamkeit. Und noch ein Bauprojekt soll in den nächsten Jahren Gestalt annehmen: die **Umstruk-**

051kn Abb.: mp

turierung des gesamten rechtsrheinischen Ufers zum Rheinboulevard (s. S. 44).

› **Anfahrt:** Nach Deutz gelangt man über die **Hohenzollernbrücke** (Eisenbahn, S-Bahn, Fußgänger), die **Deutzer Brücke** (Autos, Stadtbahn, Fußgänger) und die **Severinsbrücke** (Autos, Stadtbahn, Fußgänger). Zentrale **Stadtbahnhaltestellen** sind Bf Deutz/Messe, Bf Deutz/LANXESS arena, Koelnmesse und Deutzer Freiheit. Auch **Deutsche Bahn und S-Bahn** haben hier ihren Bahnhof: Messe/Deutz.

Eine **Fähre** überquert den Rhein tagsüber etwas nördlich der Hohenzollernbrücke [I7] (s. S. 132) und im Norden des Rheinparks, am Fuß der Zoobrücke, startet die **Rheinseilbahn** (s. S. 98, ebenfalls nur im Sommer).

52 Kennedy-Ufer und Rheinpark ★★ [J5/J6]

Am Deutzer Rheinufer dehnt sich nördlich der Deutzer Brücke das **Kennedy-Ufer** aus. Es zieht sich bis zum Rheinpark jenseits von Hohenzollernbrücke hin. Auch Teile des Messegeländes – es ist eines der größten Deutschlands – reichen ans Ufer heran. Von hier hat man die **schönste Aussicht** auf das linksrheinische Köln, auf die Altstadt vor dem Rheinpanorama und den gotischen Kathedralbau des Doms 1.

Nördlich des Messegeländes zieht sich der **Rheinpark** bis zur Zoobrücke den Fluss entlang. Kinder lieben Fahrten in der **Kinderautobahn** oder der **Kleinbahn** (geöffnet: Mitte März bis Ende Oktober 11–18 Uhr, Tel. 4301502, www.kleinbahn-im-rheinpark-koeln.de). Für die Großen gibt es den **Rheinterrassen-Biergarten** (s. S. 30) mit Panoramablick aufs Altstadtufer und im Sommer lädt auch der **Strandklub Km 689** (s. S. 31) zum Sonnenbaden oder Cocktailschlürfen ein. Der **Tanzbrunnen** (s. S. 36) ist eine im Sommer beliebte Open-Air-Veranstaltungsarena.

◁ Phänomenale Aussicht von der Aussichtsplattform des Köln Triangle

53 Aussichtsplattform Köln Triangle ★ [J7]

Das Rheinufer überragend und dem Kölner Dom 1 die Stirn bietend, ist das rundum gläsern funkelnde Köln Triangle das **höchste Hochhaus** in Deutz – und kein anderes wird es in Zukunft toppen. Der Name ist eine Anspielung auf den Grundriss des Hochhauses, der einem Dreieck (engl. *triangle)* ähnelt.

Der knapp 105 Meter hohe und 29-stöckige Büroturm ist zum Wahrzeichen der rechtsrheinischen Stadtkulisse sowie zum Aushängeschild moderner Glasbauarchitektur avanciert. Von der öffentlich zugänglichen **Aussichtsplattform** bietet sich ein grandioser Blick.

› Tel. 02234 9921555, www.koelntrianglepanorama.de, geöffnet: 1. Mai bis 30. September Mo.–Fr. 11–22, Sa./So. 10–22 Uhr, 1. Oktober bis 30. April Mo.–Fr. 12–18, Sa,/So. 10–18 Uhr, bei Sturm oder Gewitter geschlossen, Eintritt: 3 €

54 Deutzer Freiheit ★ [J8]

Der kleinstädtische Charakter des **gründerzeitlichen Veedels** um die Einkaufsstraße Deutzer Freiheit steht in einem deutlichen Gegensatz zur sachlichen Funktionalität der riesigen Gebäudekomplexe, die es umgeben. Hinter dem klangvollen Namen verbirgt sich der jahrhundertelang ge-

Ausflug auf die Rheinwiesen

Der Weg am Rhein entlang ist die einfachste Art, das Kölner Umland zu erkunden. Es bieten sich hübsche Ansichten vor der ***Kulisse des Flusses*** *und es ist ein ideales Terrain für lange Spaziergänge, entspannte Radtouren - oder bequeme Schifffahrten.* ***Innerhalb der Stadtgrenzen*** *ist das linksseitige Ufer (von Niehl bis Godorf) 40 km lang, das rechtsseitige (von Stammheim bis Zündorf) nur 28 km.*

In Altstadtbereich und den angrenzenden Stadtteilen ist der Rhein von ***Promenadenwegen*** *zum Spazierengehen und Radfahren gesäumt. Sie führen stadtauswärts zu* ***weitläufigen Wiesenarealen.*** *Insbesondere im Sommer werden diese* ***Ausflugziele*** *von Picknickfans, Sonnenanbetern, Federballspielern und Anglern gerne besucht.*

Besonders beliebt ist Rodenkirchen, linksrheinisch im Süden der Stadt gelegen. Am Ende des Rheinuferwegs gibt es Lokale auf alten Booten und einen Sandstrand, die ***Rodenkirchner Riviera.*** *Hierhin bzw. zurück kann man auch per Schiff (s. S. 126) oder mit der Stadtbahn fahren (Haltestelle: Rodenkirchen).*

052kn Abb.: kk

Rechtsrheinisch - wiederum im Süden - befinden sich die ***Poller Wiesen*** *vor dem Deutzer Hafen. Immer noch rechtsrheinisch, aber im Norden, liegt zwischen Zoobrücke und Mülheimer Brücke das Becken des Mülheimer Hafens. Am Rheinufer erstreckt sich hier die* ***Kölsche Riviera*** *mit Kieselstrand, Muscheln, Möwen und „Meeresrauschen".*

Im Norden, diesmal linksrheinisch im Stadtteil Riehl, dehnen sich von der Zoobrücke bis jenseits der Mülheimer Brücke die Wiesenflächen der ***Riehler Aue*** *aus.*

★161 ***Rodenkirchner Riviera***
★162 *[J11]* ***Poller Wiesen***
★163 *[L3]* ***Kölsche Riviera***
★164 *[L2]* ***Riehler Aue***

KLEINE PAUSE

Brauhaus-Tipp

160 [J8] **Brauhaus ohne Namen** €€, Mathildenstr. 42, Haltestelle: Deutzer Freiheit, Tel. 812680, www.brauhaus-ohne-namen.de, geöffnet: Mo.-Fr. 16-24, Sa./So. 11.30-24 Uhr. Gaffel-Kölsch vom Fass. Beliebt bei Fußballspielen. Im Sommer mit Biergarten.

hegte Wunsch der Deutzer nach Freiheit von Köln.

Im Zweiten Weltkrieg wurde Deutz von alliierten Bombern zwar schwer getroffen, allerdings haben sich trotz alledem schöne Ecken mit malerischen Altbauten erhalten, so etwa rund um **den Reischplatz** [K8] **und die Tempelstraße** [J8/9]. Beide befinden sich südlich der Deutzer Freiheit.

PRAKTISCHE REISETIPPS

082kn Abb.: kk

An- und Rückreise

Mit der Bahn

Am Kölner **Hauptbahnhof** [H6] halten Züge aus allen Teilen Deutschlands und aus dem benachbarten Ausland. Umsteigen kann man in **S-Bahnen** und auch zwei **U-Bahn-Stationen** liegen am Hauptbahnhof: Dom/Hbf (Hauptausgang) und Breslauer Platz/Hbf (Hinterausgang). An beiden Ausgängen gibt es **Taxistände**, am Breslauer Platz befindet sich zudem Kölns **Busbahnhof.**

Durch den Hauptausgang sind Dom und Altstadt (viele weitere Sehenswürdigkeiten und Hotels) in wenigen Minuten zu Fuß erreichbar. In den Bahnhofscolonaden (s. S. 19) gibt es außerdem eine Vielzahl an **Geschäften** und **Versorgungseinrichtungen.**

Mit dem Flugzeug

Der **Flughafen Köln/Bonn „Konrad Adenauer"** liegt ca. 17 km südöstlich der City in Porz (www.koeln-bonn-airport.de). Neben Linienfluggesellschaften bedienen auch zahlreiche Low-Cost-Carrier Köln-Bonn.

Die **S-Bahn Linie 13** verbindet den Flughafen mit der **Innenstadt** (Hauptbahnhof, 16 Minuten Fahrzeit, Cityticket 1b). Auch Züge der Deutschen Bahn halten am Flughafen, Direktverbindungen gibt es in zahlreiche andere Städte. Mit dem Auto kommt man vom Flughafen über die **A59** nach Köln. Eine **Taxifahrt in die Innenstadt** kostet ca. 30 bis 35 €.

Der Hauptbahnhof ist der wichtigste Verkehrsknotenpunkt Kölns

Mit dem Auto

Über den Kölner **Autobahnring** gelangt man in nahezu alle Stadtteile und natürlich auch ins Zentrum. Infos zu Routen und zur Verkehrssituation bekommt man z. B. hier:

- Stauinfos: Tel. 0900 1114455, www.verkehrsinfo.de
- Aktuelle Verkehrsmeldungen und -prognosen, Parkhausinfos, Live-Verkehrskameras in und zu Köln: www.koeln.de („Domstadt/Verkehr")

Mit dem Bus

Der zentrale **Busbahnhof** für Fernbusse liegt am Breslauer Platz an der Rückseite des Hauptbahnhofs [H6].

Fernbusse verbinden unzählige Städte mit Köln. Fast aus jeder größeren Stadt in Deutschland, Österreich und der Schweiz kann man – teilweise mit Umstieg – in die Metropole am Rhein reisen. Eine Übersicht und einen Preisvergleich aller gängigen Buslinien bieten u. a. www.busfinder.de und www.busliniensuche.de.

Autofahren

Umweltzone

Die Kölner Umweltzone erstreckt sich über die **Innenstadt** sowie Teile von Deutz und Mühlheim. Bis auf wenige Ausnahmen dürfen nur Fahrzeuge mit einer grünen **Feinstaubplakette** die durch Verkehrsschilder gekennzeichnete Umweltzone befahren.

Autobahnstrecken – auch innerstädtisch – sind von der Umweltzone ausgenommen, Zwischenstücke wie Teile des Militärrings, die Innere Kanalstraße und die Zoobrücke (zwischen A57 und A4) sowie die Gummersbacher Str. und die Westtangente Kalk (zwischen A559 und A4) sind als Transitstrecken von allen befahrbar.

Etliche P+R-Parkplätze (Park-and-Ride, s.S. 114) liegen außerhalb der Umweltzone.

› **Infos:** www.stadt-koeln.de, Tel. 2210

Parkplätze

In der City gibt es nur wenige kostenfreie Parkplätze. Nach Registrierung unter www.mobil-parken.de kann man seine Parkgebühren bargeldlos per Handy entrichten. Ein Anruf genügt, und nur die geparkte Zeit wird berechnet. Wer nur für wenige Minuten parkt, muss nicht gleich für eine halbe Stunde zahlen.

Die Hinweistafeln des **elektronischen Parkleitsystems** weisen stets zielsicher den Weg zu einzelnen Parkhäusern und zeigen die Zahl der freien Plätze an (auch online un-

EXTRATIPP

Tipps zum citynahen Parken

- •165 [H7] **Parkhaus Dom.** Ein zentrales und unverfehlbares Parkhaus befindet sich direkt unter dem Vorplatz des Doms.
- •166 [L6] **Parkplätze Kölnmesse.** Ob Messe oder nicht, die großen Messeparkplätze am Beginn der Zoobrücke in Deutz sind leicht zu finden.
- •167 [J7] **Parkhaus KölnTriangle.** Ebenfalls in Deutz gelegen und einfach zu finden ist das Parkhaus des Triangle-Hochhauses. Es ist unverkennbar das höchste Gebäude am Deutzer Rheinufer und befindet sich zwischen der Hohenzollern- und der Deutzer Brücke.
- •168 [J11] **Parkhaus Rheinauhafen.** Linksrheinisch schnell gefunden und mit 1,6 km riesengroß ist das Parkhaus unter dem Rheinauhafen direkt am Flussufer.

056kn Abb.: km

ter www.koeln.de, „Domstadt/Verkehr"). Vier Farben führen in folgende Innenstadtbereiche:

- **rot:** Dom/Rhein
- **blau:** Neumarkt
- **grün:** Ring
- **gelb:** Deutz/Kalk

Wer nicht bis in die Innenstadt fahren möchte, findet sowohl im Stadtgebiet als auch im Umland **Park+Ride-Parkplätze** mit Anschluss an den öffentlichen Nahverkehr. Wenn man einen Fahrschein im Verkehrsverbund Rhein-Sieg (VRS) oder bei den Kölner Verkehrs-Betrieben (KVB) löst, darf man meist kostenlos Parken.

- Infos: www.kvb-koeln.de, www.vrsinfo.de, www.stadt-koeln.de

Barrierefreies Reisen

Köln für Alle – so heißt ein Motto von KölnTourismus (s. S. 116), nach dem die Stadt auch für Menschen mit Einschränkungen erlebbar sein soll. KölnTourismus bietet **spezielle Stadtführungen** für Gehörlose, Sehbehinderte und Blinde an, hilft **behindertengerechte Hotelzimmer** zu finden und informiert über **barrierefreie Museen.** Als Faltkarte oder zum Download ist der Plan **„Barrierefreie Spaziergänge durch die Altstadt"** verfügbar. Diesen Plan sowie weitere Infos bietet die Website www.koelntourismus.de unter der Rubrik „Service", „Köln für alle – barrierefrei". Das KölnTourismus Service-Zentrum ist ebenfalls barrierefrei.

Auch der **Flughafen** Köln/Bonn (s. S. 112) informiert auf seiner Website über behindertengechte Austattung und Betreuung. Freifahrtberechtigte Schwerbehinderte fahren nicht nur im Kölner Stadtgebiet, sondern im gesamten Verkehrsverbund Rhein-Sieg (s. S. 131) unentgeltlich in allen Bus-, Straßen- und Stadtbahn-Linien sowie in zuschlagsfreien Zügen der Deutschen Bahn.

Der **stufenfreie Zugang zu Bahnen** (Stadtbahn, S-Bahn, DB) kann dem Liniennetzplan der Kölner Verkehrs-Betriebe (KVB) entnommen werden (s. S. 131). Die Haltestelle Dom/Hbf bietet zum Beispiel stufenfreien Zugang zu allen Linien. Informationen zur Barrierefreiheit von Bussen erhält man bei KVB und Verkehrsverbund Rhein-Sieg.

Viele **Museen** sind für den Besuch mit Rollstuhl geeignet, für Gäste mit Hörbehinderung finden im Museum Ludwig 5 spezielle Führungen statt, das Römisch-Germanische Museum 4 bietet eine Anfass-Sammlung für Blinde und Sehbehinderte an und das Rautenstrauch-Joest-Museum 22 stellt Gehörlosen Videoguides zur Verfügung (weitere Infos zu einzelnen Museen unter www.museenkoeln.de).

Barrierefreie und empfehlenswerte **Restaurants** sind beispielsweise: Alte Feuerwache (s. S. 23), Hard Rock Café (s. S. 26) sowie die Brauhäuser Früh am Dom (s. S. 25) und Gaffel am Dom (s. S. 25). **Elektromobile** können stunden- oder tageweise bei der Radstation am Hauptbahnhof ausgeliehen werden (s. S. 121).

Großraumwagen und **Spezialfahrten für Rollstuhlfahrer** bietet:

- **Taxi Päffgen**, Tel. 311311, www.taxi-paeffgen.de
- **Literaturtipp:** Das in Großbuchstaben gedruckte Buch „Einfach Köln – 9 Stadttouren in leichter Sprache" von Uschi Baetz bietet neben Tourvorschlägen auch Hinweise zur Barrierefreiheit.
- **Wheelmap.org** ist eine Online-Karte zum Suchen, Finden und Markieren rollstuhlgerechter Orte (www.wheelmap.org).

Köln preiswert

Atelier Theater *(s. S. 35): Freier Eintritt während der Reihe „Gratis und nicht umsonst" mit Stand-up Comedians, Improkünstler, Komikerinnen und politisch Unkorrekten.*

CityNEWS: *Kostenlose Zeitschrift, auch als E-Paper oder PDF lesbar (www.citynews-koeln.de).*

Dom und romanische Kirchen: *Selbstverständlich können der Dom ❶ sowie alle 12 romanischen Kirchen (s. S. 46) gratis besucht werden, Spenden kommen der Kirchengemeinde zugute.*

Fahrrad mieten: *Preiswert, flexibel und umweltfreundlich (s. S. 121).*

Hostel-Übernachtung: *Köln bietet etliche Hostels (s. S. 130), Individualisten können z. T. Einzelzimmer buchen.*

KölnCard *(s. S. 116): Vielfältige Ermäßigungen in Museen, bei Musik- oder Theatervorstellungen und freie Fahrt in Bussen und Bahnen bietet diese Karte von KölnTourismus.*

Kölner Zoo *㊳: Wer gerne abends durch den Zoo bummelt freut sich über verbilligte Feierabendtarife.*

KVB *(s. S. 131): Ein Kurzstreckenticket kostet 1,90 € – wer öfter mit dem ÖPNV fährt, kommt mit 4er-, Tages-, Wochen- oder Formel9Tickets günstiger voran.*

Sommer Köln *(s. S. 13): 10 Tage lang gratis und unter freiem Himmel ein vielfältiges Musik-, Show-, Tanz-, Kabarett-, Theater-, Literatur- und Kinderprogramm erleben.*

Familien: *Etliche Museen und weitere touristische Ziele bieten vergünstigte Eintrittspreise für Kinder oder Familienrabatte. Das JuniorMuseum ㉒ kann gratis besichtigt werden.*

Geburtstagskinder: *Für diejenigen, die während ihres Kölnaufenthalts Geburtstag haben, könnte es sich lohnen, dies vor dem Museumsbesuch, der Rheinrundfahrt oder bei sonstigen touristischen Aktionen bekannt zu geben, denn vereinzelt gibt es freien Eintritt oder Ermäßigung.*

Geldfragen

Banken

Nicht weit entfernt vom Dom ❶, rund um die Straße Unter Sachsenhausen, befindet sich Kölns **„Bankenviertel"**, in dem sich viele deutsche und internationale Großbanken angesiedelt haben. In der Innenstadt finden sich diverse Bankfilialen, am schnellsten um den Neumarkt [G8] und um den Rudolfplatz [E8/F8]. Im Hauptbahnhof [H6] und am Flughafen bietet die **Reisebank AG** lange Öffnungszeiten (Tel. 134403 bzw. 02203 102918, www.reisebank.de).

Preise

Die Preise in Köln entsprechen denen anderer deutscher Großstädte und sind schwer zu präzisieren – und auch vom **Anspruch und Aufenthaltsdauer** jedes Einzelnen abhängig. Unterkünfte sind zwischen 20 und 300 € zu finden, Essen gehen kann von 8 bis 50 € kosten. Der Eintritt in Museen beträgt zwischen 3 und 10 €, Kurzstrecken-Einzeltickets für den ÖPNV kosten für Erwachsene 1,90 €.

In öffentlichen Verkehrsmitteln sowie in einigen touristischen und kulturellen Einrichtungen stehen Schülern, Studenten, Auszubildenden, Kindern, Familien, Senioren, Wehr- bzw. Ersatzdienstleistenden, Körperbehinderten oder Arbeitslosen **Ermäßigungen** zu.

KölnCard

Diese „Willkommens-Karte" gewährt **freien oder ermäßigten Eintritt** in zahlreiche Museen, Kultur- und Freizeiteinrichtungen sowie bei Theater- und Musikveranstaltungen. Ermäßigungen locken auch bei Schiffs- und Stadtrundfahrten, Gastronomie und Shopping (über 100 Angebote). Mit der Karte hat man freie Fahrt in Bahnen und Bussen im gesamten Kölner Stadtgebiet, bzw. je nach Kartenversion auch im Kölner Umland.

Es sind **verschiedene Versionen** erhältlich, sie gelten jeweils 24 oder 48 Stunden und enthalten einen Freifahrschein für einen bestimmten Streckenbereich, z. B. kostet die Karte mit freier Fahrt im Stadtgebiet als 24-Std.-Einzelkarte 9 € und als 24-Std.-Gruppenkarte 19 €. Erhältlich ist die Karte bei **KölnTourismus** (online und vor Ort, s. S. 116) und in vielen Hotels, bei Reiseveranstaltern, in Kundenzentren und an vielen Fahrkartenautomaten der Kölner Verkehrs-Betriebe und der Deutschen Bahn (s. S. 131) in und um Köln.

Informationsquellen

Infostellen in Köln

ⓘ169 [H7] **KölnTourismus,** Kardinal-Höffner-Platz 1 (Altstadt), Haltestelle: Dom/Hbf, www.koelntourismus.de, Tel. 346430, geöffnet: Mo.–Sa. 9–20, So./feiertags 10–17 Uhr. Reisepakete, Hotelzimmerreservierungen, Stadtrundfahrten und -führungen, Schiffsfahrten, touristische Infos, Prospekte, Stadtpläne, aktuelle Veranstaltungshinweise, Stadtführervermittlung, Ticketvorverkauf, KölnCard, Reiseveranstalter- und Kongressberatung sowie Verkauf von Büchern und Souvenirs. Zentral gelegen direkt gegenüber vom Hauptportal des Doms und dem Hauptbahnhof.

Meine Literaturtipps

- *Yvonne Plum:* ***Sagen und Geschichten aus Köln: Eine literarische Stadtrundfahrt.*** *Bachem Verlag. Audiobuch, in dem der Kabarettist Konrad Beikircher als neckischer Taxifahrer unterhaltsame Sagen, Geschichten und Anekdoten erzählt.*
- *Jürgen Becker und Martin Stankowski:* ***Biotop für Bekloppte.*** *Ein Lesebuch für Heimathirsche und Immis. Kiepenheuer & Witsch Verlag. Hintersinnige Historie als Kabarettprogramm, nur antiquarisch erhältlich.*
- *Rolly Bings:* ***Grimms Märchen auf Kölsch.*** *Grimms Märchen in kölscher Mundart erzählt von der Familie Bings und ihren Freunden – inklusive Übersetzung ins Hochdeutsche. Als gebundene Ausgabe oder Hörbuch erhältlich.*
- ***Mein Köln. Bilder erzählen Geschichte.*** *Vom Kölner Stadt-Anzeiger herausgegebener Bildband mit beeindruckenden Fotos von Kölner Zeitzeugen.*
- *René Goscinny und Albert Uderzo:* ***Asterix op Kölsch.*** *Egmont Comic Collection. Der Comic-Klassiker als Mundart-Sammelband ist nicht nur etwas für Kinder.*

Informationen aus dem Ausland

- **Deutsche Zentrale für Tourismus e. V. (DZT),** www.germany.travel/de, Tel. 069 974640. Wirbt im Auftrag der Bundesregierung im Ausland für das Reiseland Deutschland. Die Website bietet auch Informationen für Touristen aus Österreich und der Schweiz (Reiseziele, Anreise, Zollbestimmungen, Diplomatische Vertretungen etc.).
- **DZT-Vertretung in der Schweiz,** Tel. 044 2132211
- **DZT-Vertretung in Österreich,** Tel. 01 513279210

Köln im Internet

- **www.koeln.de:** Infos, Nachrichten, Kultur, Sport, Wetter, Shopping, Events, Gastronomie
- **www.koelntourismus.de:** Homepage von KölnTourismus
- **www.stadt-koeln.de:** Website der Stadtverwaltung
- **www.koeln-magazin.info:** Köln für Insider und Interessierte
- **www.willkommeninkoeln.de:** Stadt, Touristik, Freizeit, Wirtschaft
- **www.citynews-koeln.de:** verschiedene Nachrichten über das Kölner Stadtgeschehen
- **www.alles-in-koeln.de:** Branchenbuch mit Öffnungszeiten und Ortsangaben
- **www.bilderbuch-koeln.de:** über 100.000 Köln-Bilder
- **www.wearecity.de:** Kölner beschreiben ihre Lieblingsorte und geben coole Tipps.

Tageszeitungen, Stadtmagazine

Kölner Tageszeitungen, als Printmedium oder im Internet, bieten aktuelle Informationen rund um die Domstadt. Die Donnerstagsausgaben des Stadt-Anzeigers und der Rundschau haben Beilagen zum Kino- und Veranstaltungsprogramm der nächsten 7 Tage.

- **Kölner Stadt-Anzeiger** (liberal): www.ksta.de
- **Kölnische Rundschau** (konservativ): www.rundschau-online.de
- **Express** (Boulevard): www.express.de
- **Xtra:** www.xtra.koeln (unter der Woche nachmittags erscheinende Zeitung für junge Menschen)

Stadtmagazine widmen sich monatlich Veranstaltungen aller Art:

- **Stadtrevue:** www.stadtrevue.de
- **Kölner Illustrierte:** www.koelner.de
- **Prinz:** www.prinz.de
- Die alle zwei Monate erscheinende Zeitschrift **CityNEWS** liegt kostenlos in vielen Geschäften, Gastronomiebetrieben und Hotels aus. Auch online als E-Paper oder als PDF lesbar unter www.citynews-koeln.de.

Kartenvorverkauf

Infos und Eintrittskarten zu Konzerten, Theatervorführungen und weiteren Veranstaltungen gibt es **direkt beim Organisator**, aber auch bei **KölnTourismus** (s. S. 116), **KölnTicket** (Tel. 2801, www.koelnticket.de, rund 100 Verkaufsstellen in und um Köln) oder **online**, z. B. unter unter www.eintrittskarten.de.

Fundbüros

- 170 **Fundbüro im Amt für öffentliche Ordnung,** Ottmar-Pohl-Platz 1 (Kalk), Haltestelle: Kalk Post oder Trimbornstr., Tel. 2210, www.stadt-koeln.de
- Sollte etwas in den **öffentlichen Verkehrsmittel** verloren gehen, wendet man sich direkt an die Nahverkehrsbetriebe (s. S. 131).

Internet und Internetcafés

Im World Wide Web surfen oder E-Mails schreiben kann man in zahlreichen **Internetcafés, Telecafés** oder **Call-Shops**, mehrfach zu finden z. B. am Dom 1 (Komödienstr., Marzellenstr., An den Dominikanern), um den Neumarkt oder entlang der großen Einkaufsstraßen (z. B. Neusser Str., Eigelstein 40, Weidengasse, Zülpicher Str., Severinstr., Deutzer Freiheit 54). Auch Hotels bzw. Hostels bieten meist WLAN.

WLAN-Hotspots bieten selbstverständlich der **Hauptbahnhof und der Flughafen.** Internetzugang plus Fast Food gibt es bei **McDonald's.** Im Web surfen und Kaffee schlürfen kann man bei **Starbucks.**

- **McDonald's,** z. B. im Hauptbahnhof, Marzellenstr. 2, Rudolfplatz, Barbarossaplatz, Hohe Str. 84, Schildergasse 60–68, Schwertnergasse 1, Neusser Str. 204
- **Starbucks,** z. B. im Hauptbahnhof, Hohenstaufenring 23, Am Hof 3, Breite Str. 103, Neumarkt 1a, Ehrenstr. 94, Rudolfplatz, Hohenzollenring 72

Rund um die Uhr geöffnet hat:

@171 [E8] **Giga-Center,** Hohenzollernring 7–11 (Ring), Haltestelle: Rudolfplatz, Tel. 65026444, www.giga-center.info. Zentral gelegenes Internetcafé mit 130 Plätzen.

Medizinische Versorgung

Bei leichteren Erkrankungen sind die niedergelassenen **Ärzte** erste Ansprechpartner. Außerhalb der Sprechzeiten wendet man sich an den **ärztlichen Notdienst.**

- Arztsuche der Kassenärztlichen Vereinigung Nordrhein: Tel. 0211 59700, www.kvno.de
- Zahnarztsuche der Zahnärztekammer Nordrhein: Tel. 0211 526050, www.zahnaerztekammernordrhein.de

Bei schweren Erkrankungen und Notfällen stehen die **Notaufnahmen** der Krankenhäuser rund um die Uhr offen. Im Kinderkrankenhaus Amsterdamer Straße ist der **kinderärztliche Notdienst** der niedergelassenen Ärzte untergebracht.

✚172 [J2] **Kinderkrankenhaus,** Amsterdamer Str. 59 (Riehl), Haltestelle: Amsterdamer Str./Gürtel, Tel. 89070, www.kliniken-koeln.de. Freigemeinnütziges Kinderkrankenhaus.

✚173 [B10] **Klinikum der Universität zu Köln,** Kerpener Str. 62 (Univiertel), Haltestelle: Zülpicher Str./Gürtel, Tel. 4780, www.uk-koeln.de

✚174 **Krankenhaus Merheim,** Ostmerheimer Str. 200 (Merheim), Haltestelle: Merheim, Tel. 22189070, www.kliniken-koeln.de. Klinik der Stadt Köln mit breitem medizinischen Spektrum.

✚175 [H8] **Medeco Zahnklinik,** Ludwigstr. 1 (Innenstadt), Haltestelle: Appellhofplatz, Tel. 272650, www.medeco.de. Privatklinik.

✚176 [G8] **Augenklinik am Neumarkt,** Schildergasse 107–109 (Innenstadt), Tel. 6507220, www.augenportal.de. Privatklinik.

Medizinische Notfälle

- **Notarzt:** Tel. 112
- **Ärztlicher Notdienst:** Tel. 01805 044100
- **Allgemeinärztlicher Bereitschaftsdienst:** Tel. 116117

- **Zahnärztlicher Notdienst:** Tel. 01805 986700
- **Apotheken-Notdienst:** Tel. 0800 0022833
- **Kliniken der Stadt Köln:** Tel. 89070

Mit Kindern unterwegs

Lustig kann eine Schiffsfahrt sein (s. S. 126) oder man kann auch mit der Rheinseilbahn (s. S. 98) über den Fluss hinweg schweben. Beliebt sind zudem Fahrten mit der Bimmelbahn (s. S. 127).

Die Kölner **Museen** haben ebenfalls einiges für Kinder zu bieten: Fremde Kulturen kann man im Rautenstrauch-Joest-Museum 22 erkunden – das integrierte JuniorMuseum hat sich der kindgerechten Kulturvermittlung verschrieben. Im Schokoladenmuseum 17 kann man am Schokobrunnen naschen und im Römisch-Germanischen Museum 4 wird man in die Zeit von Asterix und Obelix zurückversetzt.

Speziell für Kinder

- **Museumsführungen und Kurse für Kinder,** www.museenkoeln.de, Tel. 22124198. Infos und Veranstaltungen vom Museumsdienst Köln.
- Das **Familien-Stadtmagazin Känguru** (www.kaenguru-colonia.de) liegt als kostenfreie Printversion in vielen Kindergeschäften und Buchläden aus.
- 177 [D11] **Casamax Theater,** Berrenrather Str. 177 (Sülz), Haltestelle: Weyertal oder Arnulfstr., www.casamax-theater.de, Tel. 447661. Kleines, aber feines Kinder- und Jugendtheater.
- **Comedia** (s. S. 35). Zahlreiche ideenreiche Stücke für und mit Kindern ab vier Jahren.

Am Schokobrunnen im Schokoladenmuseum 17 ist Naschen erlaubt

057kn Abb.: sm

- **Hänneschen Theater** (s. S. 36). Kölscher Kult für Klein und Groß.

178 [H11] **Kinderoper,** Kartäuserwall 20 (Severinsviertel), Haltestelle: Chlodwigplatz oder Ulrepforte, Tel. 22218400, www.kinderoper.info. Opern speziell für Kinder ab 5 Jahren, die oft Märchen als Grundlage haben und mit aufwendigen Bühnenbildern und Kostümen ausstaffiert sind. Im alten Pfandhaus.

- **Tohuwabohu,** Theateraufführungen an wechselnden Orten, Informationen: Tel. 319430, www.theatertohuwabohu.de. Das Durcheinander-Miteinander-Theater: Kinder sind die Stars und haben auch an den Texten sowie am Bühnenbild und an den Kostümen mitgearbeitet.
- Spezielle **Kindertheateraufführungen** bieten zudem das Schauspiel Köln (s. S. 36) und das Freie Werkstatt Theater (s. S. 36).

•179 [M7] **Odysseum,** Corintostr. 1 (Kalk), Haltestelle: Kalk Post oder Trimbornstr., Tel. 69068111, www.odysseum.de, geöffnet: Di.–Fr. 9–18, Sa./So. 10–19 Uhr, Eintritt: Erwachsene 16 €, Kinder 8 €. „Wissen und Abenteuer erleben" heißt es an 200 Erlebnisstationen in diesem Abenteuermuseum. Mit Maus-Museum, interaktiven Abenteuerspielen, Mitmach- und Vorführexperimenten sowie wechselnden Veranstaltungen.

- Im **Wildgehege des Stadtwalds** kann man Waldtiere füttern.

38 [J3] **Zoo und Aquarium.** Hier kann man Tiere aus allen Winkeln der Welt beobachten.

Notfälle

Bei einer Autopanne, einem Unfall, dem Verlust von Reisepapieren, Erkrankung oder Verletzung kann sich eine Mitgliedschaft in einem **Automobilklub** möglicherweise als hilfreich erweisen.

Ausweisverlust

Wenn einem der Ausweis abhanden kommt, sollte die **elektronische Identtätsfunktion** der neuen deutschen Personalausweise schnellstmöglich über den **zentralen Sperrnotruf (Tel. 116116)** gesperrt werden.

Wird Schweizern oder Österreichern der **Ausweis gestohlen,** muss dies bei der örtlichen Polizei und der nächste diplomatische Vertretung des Heimatlandes gemeldet werden, um einen Ersatzreiseausweis für die Rückkehr ausgestellt zu bekommen.

- **Österreichische Botschaft,** Stauffenbergstr. 1, 10785 Berlin, Tel. 030 202870, www.bmeia.gv.at
- **Schweizer Botschaft,** Otto-von-Bismarck-Allee 4A, 10557 Berlin, Tel. 030 3904000, www.eda.admin.ch

Kartenverlust

Um sich gegen Mißbrauch zu schützen, sollten verlorene oder gestohlene **Kreditkarten, Maestro(EC)-Karten oder sonstige Bankkundenkarten** schnellstmöglich der kontoführenden Bank gemeldet werden. **Deutsche,** die ihre **Kreditkarte, Maestro(EC)-Karte** oder ihre **Handy SIM-Karte** verloren haben, können die Geheimnummerfunktion über den **zentralen Sperrnotruf Tel. 116116** gebührenfrei blockieren lassen (www.sperr-notruf.de). Um sich zudem gegen unberechtigtes Bezahlen mit gefälschter Unterschrift zu schützen, sollten Bankkarten zusätzlich über die örtliche Polizeibehörde gesperrt werden.

EXTRAINFO

Notrufnummern

- **Polizei:** Tel. 110
- **Feuerwehr und Notarzt:** Tel. 112

Post

✉180 [G7] **Hauptpostamt,** WDR-Arkaden, Breite Str. 6–26 (Innenstadt), Haltestelle Appellhofplatz, Tel. 0228 4333111, www.deutschepost.de, geöffnet: Mo.–Fr. 9–19, Sa. 9–14 Uhr. Filialen z. B. im Hauptbahnhof, am Flughafen sowie in etlichen Stadtteilen.

› **Porto für Postkarten** innerhalb Deutschlands/Europas: 0,45 €/0,75 €

Radfahren

Köln bietet ein großes Netz an **Radwegen.** Angesichts der Parkplatznot in der Innenstadt sind aber auch Sightseeing- oder Einkaufstouren per Velo eine gute Idee. Schön und einfach (keine Steigungen und keine Orientierungsprobleme) sind Radtouren am Rheinufer entlang. Wer herumradeln möchte, muss seinen Drahtesel auch nicht unbedingt mitbringen, sondern kann sich einen **ausleihen:**

•181 [H5] **Colonia Aktiv,** Gereonswall 2–4 (Nordstadt), Haltestelle: Ebertplatz oder Hansaring, Tel. 34669557, www.colonia-aktiv.de, tägl. 10–18 Uhr. Fahrradvermietung (drei Stunden 9 €, ein Tag 15 €), geführte Köln-Kennenlern-Radtouren (drei Stunden 25 € inkl. Leihrad, tägl. 14 Uhr) und weitere Fahrradtouren. Reservierung erbeten.

•182 [H6] **Radstation,** Breslauer Platz (Nordstadt), Haltestelle: Breslauer Platz/Hbf, www.radstationkoeln.de, Tel. 1397190 Radvermietung (City-Rad: 3 Stunden 5 €, 1 Tag 10 €), Radparken, Radreparatur, Radtouren, am Breslauer Platz/Hbf, geöffnet: Mo.–Fr. 5.30–22.30, Sa. 6.30–20, So. 8–20 Uhr. Weitere Verleihstation am Altstadtrheinufer an der Markmannsgasse nahe der Deutzer Brücke (1.4.–31.10. 10–18 Uhr, ab hier starten tägl. ab 13.30 Uhr geführte Stadtrundfahrten: 3 Stunden, 15 km, 17,50 € inkl. Leihrad).

› **Call a Bike,** Tel. 069 42727722, www.callabike-interaktiv.de. Die Deutsche Bahn verleiht (deutschlandweit) Fahrräder, die überall in der Innenstadt angemietet bzw. abgestellt werden können. Telefonische Anmietung für registrierte Kunden mit persönlicher Kundennummer, per Telefon Öffnungscode des Zahlenschlosses erfragen, Abrechnung nach gemieteten Minuten oder Jahrespauschale, Bezahlung per Kreditkarte oder Bankeinzug.

› **nextbike,** Tel. 030 69205046, www.nextbike.de. Registrierte Kunden können

058kn Abb.: kk

Wer möchte, kann sich mit der Rikscha durch die Domstadt chauffieren lassen

060kn Abb.: kw

nextbike-Leihfahrräder (deutschlandweit) nutzen. Zum Ausleihen Standort und Öffnungscode des Zahlenschlosses erfragen, zahlreiche Verleih- und Rückgabestationen in Köln, Bezahlung per Kreditkarte oder Lastschrift.

- **perpedalo,** Tel. 604789, Mobiltel. 01633030310, www.perpedalo.de. Hier kann man sich mit maximal zwei Personen in einer Rikscha durch Köln chauffieren zu lassen. Von 12 bis 20 Uhr stehen beispielsweise am Hauptbahnhof, am Dom (Kreuzblume), am Heinzelmännchenbrunnen, am Fischmarkt, am Heumarkt, am Schokoladenmuseum, am Neumarkt [G8], am Rudolfplatz und am Friesenplatz [E7] zumeist Rikschas bereit. Diverse Routen und Ziele (z. B. Stadtrundfahrt ab 17 € oder Shuttlefahrten ab 15 €). Man kann die Rikscha auch leihen und selbst strampeln (bis vier Stunden 89 €). Ausleihen kann man auch so genannte Conference Bikes *(Cobi),* bei denen sieben Personen im Kreis sitzen und einen Riesenspaß haben können (60 Min. ohne Fahrer 99 €).
- **Allgemeiner Deutscher Fahrrad-Club** (ADFC), Kreisverband Köln, Tel. 323919, www.adfc-nrw.de. Informationen, Touren, Links, Downloads.
- Die **Kölner Verkehrs-Betriebe** (KVB, s. S. 131) planen, ab März 2015 Leihfahrräder anzubieten.

Schwule und Lesben

Statistisch gesehen ist in Köln jeder zehnte „anders“: Schätzungsweise **100.000 Lesben und Schwule** leben hier. Die Domstadt ist eine Stätte der Offenheit und Toleranz, denn: „Jeder Jeck es anders“.

Außerdem ist Köln eine Stadt, in der man es versteht, zu leben und zu feiern und Lesben, Schwule, Bi- und Transsexuelle werden auch als bedeutender **Wirtschaftsfaktor** erkannt – keine andere Stadt Deutschlands bietet dieser Zielgruppe eine derart hohe Dichte an Bars, Kneipen, Restaurants, Geschäften, Beratungsstellen und Kultureinrichtungen. Mit Cologne Pride und dem Christopher Street Day (s. S. 13) demonstriert Köln mehr als nur Feierfreude, Toleranz oder Geschäftssinn: Mit dieser populärsten aller schwul-lesbischen Großveranstaltungen Deutschlands bezieht Köln auch eine eindeutige politische Stellung.

Der Rheinuferweg ist eine beliebte Radstrecke

Informationen

- **www.inqueery.de:** Kölner Webportal für Schwule und Lesben, News zu Gesellschaft, Kultur, Boulevard, Lifestyle – auch regionale Szene-Termine und Location Guide
- **blu:** monatlich erscheinendes Magazin für Schwule. Auch online unter **www.blu.fm** einsehbar, mit Köln-Linklisten zu Ausgehen und Nightlife.
- **Centrum Schwule Geschichte e. V.**, Tel. 0176 68862443, www.csgkoeln.org. Spezielle Stadtführungen und Ausstellungen, auch Archiv, Bibliothek und eigene Publikationen.

Events

Alle Jahre wieder erwarten in Köln besonders freudvolle Großveranstaltungen für homo-, bi- und transsexuelles Publikum ihre Gäste: Zur Karnevalszeit (s. S. 55) sind sämtliche Hemmschwellen außer Kraft gesetzt. Selbst die stocksteifsten Karnevalsmuffel können sich dem feucht-fröhlichen Treiben in Kölns Community-Kneipen nicht entziehen. An Rosenmontag ist die Hohe Pforte [H8] fest in schwul-lesbischer Hand.

- **Karnevals-Sitzungen:** Die Gloria-Sitzung (www.gloria-theater.de) bietet Karneval queer für gemischtes Publikum. Die überwiegend schwule Crew der Statt-Garde Colonia Ahoj bietet Karnevalsspaß in Matrosenuniform (www.stattgarde.de).

  Frauenliebende Jeckinnen haben Spaß an der Schnittchen-Sitzung (www.dieschnittchensitzung.de) und der Röschen-Sitzung (www.roeschensitzung.de).

Dann gibt es noch **Cologne Pride** (www.colognepride.de) samt der Parade zum Christopher Street Day (CSD) – pfiffig wie die Kölner sind, haben sie diese politische Aktion in den Sommer gelegt und durch einen Hauch Karneval bereichert. Die zweiwöchige Veranstaltung Cologne Pride bietet nicht nur das Markenzeichen CSD-Parade (s. S. 13), sondern noch zahlreiche weitere politische Rahmenereignisse sowie ein umfassendes Kultur- und Partyprogramm. Ein fester Bestandteil ist die Womenpride mit speziell lesbischem Angebot.

Treffpunkte

Schon etliche Besucher sind in den zahlreichen Kneipen und Bars des **Kölner Bermudadreiecks** verschollen. Im Areal rund um den Rudolfplatz 34 (z. B. Friesenwall, Kettengasse, Schaafenstr., Marsilstein, Mauritiuswall) haben sich zahlreiche Bars, Klubs, Kneipen, Sexkinos und Shops der Schwulenszene verschrieben.

Um den **Heumarkt** 16 nebst der südlichen Altstadt formiert sich Kölns schwules Herzstück (z. B. Hohe Pforte, Stephanstr., Marienplatz, Pipinstr.) – hier hat auch die Leder- und Fetischszene ihre Hochburg.

Als Übernachtungstipp bietet sich das Gästehaus Pinkhomecologne (s. S. 129) an.

- 183 [F7] **Bastard,** Friesenwall 29 (Friesenviertel), Haltestelle: Friesenplatz, Tel. 420777, www.bastard-bar.de, geöffnet: So.–Do. 11–1, Fr./Sa. 11–3 Uhr. Verwinkeltes Café, Bar, Restaurant mit Innenhofterrasse für gemischtes Publikum, WLAN.
- 184 [H9] **Blue Lounge Tanzbar,** Mathiasstr. 4–6, (Altstadt), Haltestelle: Heumarkt, Tel. 2717117, www.blue-lounge.com, geöffnet: Fr./Sa./vor Feiertagen ab 21 Uhr. Kombi aus gemütlicher Kellerkneipe, stylischer Cocktailbar und Mini-Diskothek. Partykeller für ein buntgemischtes, multisexuelles Publikum.

› **Brennerei Weiß** (s. S. 87). Bei Schwulen und Lesben beliebtes modernes Brauhaus in der Innenstadt.

185 [G7] **Mittelblond,** Schwabengasse 2 (Innenstadt), Haltestelle: Appellhofplatz, Tel. 17074088, www.mittelblond-kulturkneipe.de, geöffnet: Mi.–So. 17–2 Uhr, Vorstellungen Do.–Sa. 20, So. 19 Uhr. Wohlfühl-Kultur- und Comedykneipe und schnuckelige Eventstätte.

186 [H8] **Venue,** Hohe Str. 14 (Altstadt), Haltestelle: Heumarkt, Tel. 63069555, www.venue-cologne.de, geöffnet: Sa. und bei angekündigten Partys ab 23 Uhr. Wochenendklub mit abwechslungsreichem Partyprogramm für Schwule, Lesben und Freunde. WLAN.

Sicherheit

Für Köln sind ähnliche **Sicherheitstipps** zu beherzigen, wie in anderen deutschen Städten auch. Insbesondere wo viele Menschen sind, z. B. am Hbf, an Haltestellen, in Fußgängerzonen, auf Weihnachtsmärkten und bei Großveranstaltungen, treiben gern **Trick- und Taschendiebe** ihr Unwesen und so sollte man dort besonders gut auf seine Wertsachen aufpassen. **Autofahrer** sollten keine Wertsachen im Wagen lassen, **Radfahrer** ihr Fortbewegungsmittel immer mit einem guten Schloß an Masten anketten.

Insbesondere freitag- und samstagnachts tummeln sich in den **Discos und Klubs am Ring** zahllose Jugendliche, gerne in Gruppen, meist zumindest angetrunken und mitunter pöbelnd oder gewaltbereit. Bitte Vorsicht und Umsicht walten lassen bzw. das Areal gegebenfalls meiden.

Stadttouren mit dem Segway sind sehr beliebt

Stadttouren

Busrundfahrten

› **Cologne Coach Service,** Tel. 9792570, www.ccs-busreisen.de. Zwei Touren beginnen neben KölnTourismus (s. S. 116) gegenüber dem Dom-Haupteingang, Burgmauer/Ecke Kardinal-Höffner-Platz (Haltestelle: Dom/Hbf): Stadtrundfahrt im Cabrio XXL Doppeldeckerbus, tägl. 10, 12, 14 Uhr (im Sommer häufiger), ca. 1,5 Stunden, 12 €. Man kann auch eine „Hop on hop off"-Stadtrundfahrt wählen, bei der man nach Lust und Laune an neun Stationen ein- und aussteigen kann (Mi.–So. zwischen 10.30 und 15.30 Uhr, Abfahrt stündlich), Tagesticket 15 €. Von Mai bis September ist die Bus-Stadtrundfahrt kombinierbar mit einer Rhein-Panoramarundfahrt. Alle Tickets erhältlich beim Fahrer oder bei Kölntourismus (s. S. 116).

› **Kölner City Tour,** Tel. 2704566, www.cityfahrten.de. Zwei Touren, Abfahrt unterhalb der Domplatte in der Trankgasse gegenüber vom Brauhaus Gaffel am Dom (s. S. 25), zwischen 10.30 und 17.20 Uhr stündlich (im Sommer häufiger): Stadtrundfahrt ohne Ausstieg, 90 min, 13 €. Hop-on-hop-off-Ticket, zwei Tage gültig, 15 €. März bis Oktober jeden 3. So. im Monat 13 Uhr „Stadtrundfahrt op Kölsch" (2 Std., 15 €)., April bis Okt. kann man optionale Umsteigemöglichkeiten zur Köln-Düsseldorfer Rheinschifffahrt, zur Bimmelbahn, zur Seilbahn nutzen. Alle Tickets erhältlich beim Busfahrer oder im Kiosk am Altstadtufer (Markmannsgasse 1), bei Köln-Tourismus (s. S. 116), in vielen Hotels sowie bei KölnTicket (s. S. 117).

› **Comedytour,** Tel. 01806 570070, www.comedytour.de. Rollende Comedy-Busbühne, Stadttour mit Gags, Geschichten und ungewöhnlichen Aktionen (Fr./Sa. 18 und 20.30 Uhr, Abfahrt unterhalb

EXTRATIPP

Köln erleben – zu Land, zu Wasser und aus der Luft

Einen Altstadtspaziergang kann man mit einer Fahrt mit der **Bimmelbahn,** dem **Rheinschiff** und der **Seilbahn** ergänzen. Das Streckennetz lässt sich mit einem Tageskombiticket für 18 € einen Tag lang nach Belieben nutzen: „Köln erleben" nennt sich dieses Verbundsystem, das allerdings nur von Mai bis September besteht.

Anbieter und Ticketverkäufer sind Kölner Seilbahn (s. S. 98), Wolters Bimmelbahnen (s. S. 127) sowie Colonia Weber Dampfschifffahrt (s. S. 126) und KölnTourist Personenschifffahrt (s. S. 127).

059kn Abb.: kw

der Domplatte in der Trankgasse gegenüber vom Brauhaus Gaffel am Dom, s. S. 25, 90 Min. ab 30,90 €).

Stadtführungen und -spaziergänge

Stadtführungen und Spaziergänge **mit verschiedenen Schwerpunkten** werden von den unten genannten Veranstaltern organisiert. Meist finden sie freitags, samstags, sonntags und an Feiertagen statt. **Aktuelle Termine** findet man aber auch in Stadtmagazinen und Tageszeitungen (s. S. 117). Über Themen, Termine und Tour-Treffpunkte informieren

- **KölnTourismus** (s. S. 116)
- **Colonia Prima,** Tel. 3103385, www.colonia-prima.de
- **FF Stadtführungen,** Tel. 2221744, www.ff-stadtfuehrungen.de
- **Inside Cologne City Tours,** Tel. 521977, www.insidecologne.de
- **StattReisen Köln,** Tel. 7325113, www.stattreisen-koeln.de
- **RegioColonia,** Tel. 9654595, www.regiocolonia.de
- **Smartphone-Citisafari:** Bei KölnTourismus (s. S. 116) kann man sich verschiedene Stadttouren auf sein Smartphone laden lassen und auf Entdeckungstour gehen (12,90 €).

Segway-Stadterkundung

Segways sind sich selbst ausbalancierende, strombetriebene **Fortbewegungsmittel,** die auf Verlagerung des Körpergewichts reagieren. Nach einer Einweisung kann man – zusammen mit Guides der Anbieterfirmen – durch Köln gleiten. Voraussetzungen sind ein Mindestalter von 16 Jahren, ein Mofa- oder Autoführerschein und ein Körpergewicht von 45 bis 110 Kilo. Die Preise beginnen bei ca. 45 € pro Tour (1–1,5 Std.).

- •187 [J9] **Gleitzeit,** Siegburger Str. 111–113 (Deutz), Haltestelle: Severinsbrücke oder Suevenstr., Tel. 9893344, www.gleitzeitgmbh.de
- •188 [I10] **Segway Tours Cologne,** Anna-Schneider-Steig 3 (Rheinauhafen), Haltestelle: Ubierring, www.segway-tours-cologne.de, Tel. 16872511

Dom und Kirchen

Das Domforum (s. S. 68) dient als **Besucherzentrum für den Dom und andere Kölner Kirchen** und bietet tägliche Domführungen (samt Binnenchor und auch regelmäßig durch die Dom-Ausgrabungen), „Faszination Kölner Dom" (Informationen über die Geschichte des Doms begleitet von Musik und Bildern im hauseigenen Kinoraum, 20 Minuten, 2 €), aber auch zahlreiche Führungen in den anderen Kölner Gotteshäusern.

Rheinschifffahrten

Köln vom Rhein aus zu sehen, eröffnet einem ein Postkartenpanorama und Rheinromantik. Das **Angebot** reicht von einstündigen Rundfahrten (Zoo 38, Mühlheim, Rodenkirchen, Porz) über Nachmittags- und Abendfahrten bis zu Gastronomie- und Ereignisfahrten (z. B. Tanz, Party, Techno, Travestieshow, Karaoke, Feuerwerke, Kinder- und Seniorenprogramme). Die meisten Schiffe fahren zwischen April und Oktober.

Eine beliebte **einstündige Tour** führt **nach Rodenkirchen** im Kölner Süden, vorbei an der Altstadt und dem Rheinauhafen 51. Alle **Rheinschiffe starten am Altstadtufer,** wo auch die Tickethäuschen stehen.

- •189 [I7] **Dampfschifffahrt Colonia Weber,** Konrad-Adenauer-Ufer (Nordstadt), ca. 50 m nördlich der Hohenzollernbrücke, Haltestelle: Breslauer Platz/Hbf oder Dom/Hbf, Tel. 2574225, www.dampfschiffahrt-colonia.de. Anfang Mai bis Ende Sept. täglich (10 und 13 Uhr sowie bei Bedarf alle 30 Min.; im Winter an manchen Wochenenden) Rundfahr-

Kölns Postkartenpanorama lässt sich prima während einer Schifffahrt auf dem Rhein genießen

100kn Abb.: kk

101kn Abb.: kk

ten im Kölner Süden (bis Rheinauhafen) und Norden (bis Mülheim), 1 Stunde, 9,50 € (auch Abfahrten von anderen Anlegestellen sowie Teilstrecke und Abendfahrten möglich).

- **190** [I8] **Köln-Düsseldorfer Deutsche Rheinschifffahrt,** Frankenwerft 35 (Altstadt), Haltestelle: Dom/Hbf oder Rathaus, Tel. 2088318, www.k-d.com. Panoramarundfahrt entlang dem Rheinufer, Ostern–Ende Oktober tägl. 10.30, 12, 13.30, 15, 16.30, 18 Uhr, 9,50 €, 1 Stunde. Auch Abendfahrt mit Büffet sowie Brunch-, Konzert-, Party- oder Feuerwerksfahrten. Kombiticket mit Doppeldecker-Cabriobusfahrt buchbar.
- **191** [I6] **KölnTourist Personenschifffahrt,** Konrad-Adenauer-Ufer (Nordstadt), ca. 150 m nördlich der Hohenzollernbrücke, Haltestelle: Breslauer Platz/Hbf oder Dom/Hbf, www.koelntourist.net, Tel. 121600. Panoramarundfahrten zwischen Köln und Rodenkirchen, Anfang März–Mitte Sept. täglich 10.15, 11.40, 13, 14.20, 15.40 Uhr, Ende Sept.–Mitte Dez. bei Bedarf Sa./So., 9,50 €, 1 Stunde, Abfahrten von anderen Anlegestellen und Teilstrecke möglich. Hafen- und Themenrundfahrten sowie Kombitickets mit Doppeldecker-Cabriobustour sind buchbar.

Auch mit der Bimmelbahn lässt sich Köln bequem erkunden

Bimmelbahn

Mit Bimmelbahnen kann man gemütlich durch Köln fahren. **Ab der Domplatte,** neben KölnTourismus, werden zwei Strecken bedient: Zoo-Express zum Zoo 38 und Schoko-Express zum Schokoladenmuseum 17, Abfahrt alle 30 Min., Zoo-Express 9.30–18 Uhr bzw. Schoko-Express 9.45–17.45 Uhr, einfache Fahrt 3,50 €, Rundfahrt 6 €, Tickets beim Fahrer erhältlich. Der Zoo-Express fährt ganzjährig, der Schoko-Express von Ende März bis Anfang November.

Ende November bis 23.12. fahren zwischen 10.45 und 18.30 Uhr viertelstündlich Bimmelbahnen zwischen den **Weihnachtsmärkten** am Dom, Alter Markt, Schokoladenmuseum und Neumarkt.

› **Wolters Bimmelbahnen,** Tel. 7099970, www.bimmelbahnen.de

Taxiguide

› **Taxi-Ruf Köln,** Tel. 2882, www.taxiruf.de. Ein- oder zweistündige Taxiguide-Rundfahrten mit Fotostopps zu Festpreisen.

Radtouren

› **Geführte Stadtrundfahrten** mit einem Leihrad oder per Rikscha (s. S. 121)

Unterkunft

Bei kurzem Aufenthalt sind Hotels und Hostels die gängigste Unterkunftsart. Mehr als 280 Hotels mit über 30.000 Betten gibt es in Köln. Trotz der Fülle kann es ratsam sein, im Voraus zu **reservieren** und sich nach den gültigen **Preisen** für den konkreten Reisezeitraum zu erkundigen. Zu Messezeiten oder sonstigen Großveranstaltungen können die Preise kräftig ansteigen – 50 bis 70 % mehr sind möglich.

Informations- und **Reservierungsanfragen** kann man direkt an die hier aufgelisteten Unterkünfte richten, an **Internet-Reservierungsagenturen** oder an **KölnTourismus** (s. S. 116).

Weitere Möglichkeiten für eine Hotelbuchung sind z. B.:

192 [H9] **Hotel Reservation Service,** Blaubach 32 (Südstadt), Haltstelle: Poststr., Tel. 2077600, www.hrs.de

EXTRATIPP

Hotelketten

- **Accor-Gruppe** (Aparthotel, Pullman, Mondial, Novotel, Mercure, Ibis, Etap), Tel. 069 95307595, www.accorhotels.com. Unterhält diverse Hotels aller Preisklassen in Stadt- und Stadtrandlage.
- **Cityclass,** Tel. 2058555, www.cityclass.de. Mittlere Preislage, gutes Preis-Leistungs-Verhältnis, Altstadtlage.
- **Hopper Hotels,** Tel. 924400, www.hopper.de. Drei designdominierte Hotels in historischen Häusern mittlerer Preisklasse in verschiedenen Stadtlagen (Nordstadt, Severinsviertel, Belgisches Viertel).
- **Motel One,** Tel. 089 6650250, www.motel-one.com. Drei Budget-Hotels (Südstadt, Mediapark, Frechen), innovativ und preisgünstig.

Hotels

193 [H10] **Accent Severin** €, Severinstr. 61 (Severinsviertel), Haltestelle: Chlodwigplatz, Tel. 9318670, http://hotel-accent-severin.com. Kleines Hotel mit 17 Zimmern im Herzen des Vringsveedel.

194 [F6] **Antik Bristol** €€, Kaiser-Wilhelm-Ring 48 (Ring), Haltestelle: Christophstr./Mediapark, Tel. 120195, www.antik-hotel-bristol.de. Das Komforthotel in Patrizierhaus am Ring bietet Nostalgieflair in 43 antik eingerichteten, aber modern ausgestatteten Zimmern.

195 [I9] **Art'Otel Cologne** €€€, Holzmarkt 4 (Rheinauhafen), Haltestelle: Severinsr., Tel. 801030, www.artotels.com. Das stilvolle Hotel ist geschmückt mit Werken der koreanischen Malerin Seo.

196 [I6] **Buchholz Downtown** €€, Kunibertsgasse 5 (Nordstadt), Haltestelle: Breslauer Platz/Hbf, Tel. 160830, www.hotel-buchholz.de. Jugendstilhaus mit gemütlich eingerichteten Nichtraucherzimmern bei der romanischen Kirche St. Kunibert.

197 [I6] **Casa Colonia** €€, Machabäer Str. 63 (Nordstadt), Haltestelle: Breslauer Platz/Hbf, www.casa-colonia.de, Tel. 160600. Kleines Nichtraucher-Komforthotel in einem Gründerzeithaus, wenige Gehminuten vom Hauptbahnhof.

198 [E8] **Chelsea** €€, Jülicher Str. 1 (Belgisches Viertel), Haltestelle: Rudolfplatz,

Hotel-Preiskategorien

Die folgenden Kategorien beziehen sich auf normale Hoteldoppelzimmer (meist inkl. Frühstück) außerhalb von Messezeiten. Alle Hotels verfügen über (WLAN-)Internet.

€	40–80 €
€€	70–130 €
€€€	ab ca. 120 €

Tel. 207150, www.hotel-chelsea.de. „The hotel different": durch zahlreiche Gemälde verschönertes Künstlerhotel.

199 [H6] **Cristall Hotel** €€, Ursulaplatz 9–11 (Nordstadt), Haltestelle: Dom/Hbf, Tel. 16300, www.hotelcristall.de. Unkonventionell eingerichtetes Boutiquehotel gegenüber der romanischen Kirche St. Ursula.

200 [I7] **Das kleine Stapelhäuschen** €, Fischmarkt 1–3 (Altstadt), Haltestelle: Heumarkt oder Rathaus, www.kleines-stapelhäuschen.de, Tel. 2727777. Urig: Altstadthotel und Gaststättenbetrieb mit herrlichem Rheinblick. Toll ist das historische Turmzimmer.

201 [E9] **Elite** €, Meister-Gerhard-Str. 26 (Univiertel), Haltestelle: Dasselstr./Bf Süd oder Köln Süd, Tel. 31069220, www.hotel-elite-koeln.de. Funktionales Hotel nahe Universität und Kneipenviertel.

202 [H7] **Excelsior Hotel Ernst** €€€, Trankgasse 1–5 (Innenstadt), Haltestelle: Dom/Hbf, www.excelsiorhotelernst.com, Tel. 2701. Tradition seit 1863: Grandhotel an der Nordseite des Doms, das zu den Leading Hotels of the World gehört.

203 [H9] **Heinzelmännchen** €, Hohe Pforte 5–7 (Altstadt), Haltestelle: Heumarkt oder Neumarkt, Tel. 211217, www.hotel-heinzelmaennchen.com. Familiär geführtes Hotel im Süden der Altstadt mit 17 Zimmern.

204 [G9] **Hotel im Wasserturm** €€€, Kaygasse 2 (Innenstadt), Haltestelle: Poststr., www.hotel-im-wasserturm.de, Tel. 20080. Etwas Besonderes: First-Class-Designerhotel in einem ehemaligen Wasserturm.

205 [J7] **Hyatt Regency** €€€, Kennedy-Ufer 2a (Deutz), Haltestelle: Bf Deutz/Messe, Tel. 8281234, www.cologne.regency.hyatt.com. Luxushotel mit Postkarten-Panoramablick vom Deutzer Rheinufer auf die Altstadt.

206 [K7] **Insel Hotel** €€, Constantinstr. 96 (Deutz), Haltestelle: Bf Deutz/Messe, Tel. 8803450, www.inselhotel-koeln.de. Komfortabel-funktionales, familiengeführtes Businesshotel in der Nähe des Messegeländes und der LANXESS arena.

207 [I8] **Maritim** €€€, Heumarkt 20 (Altstadt), Haltestelle: Heumarkt, Tel. 20270, www.maritim.de. 454 Zimmer in einem Hotel mit imposanter Glasdachlobby und umfangreichem Serviceangebot direkt an Rhein und Altstadt.

208 [H5] **Pinkhomecologne** €, Domstr. 64 (Nordstadt), Haltestelle: Ebertplatz, Tel. 0172 7595920, www.pinkhomecologne.de. Gästehaus, in dem Homosexuelle ausdrücklich willkommen sind. In einem renovierten Altstadthaus befinden sich farbenfrohe Zimmer, eine Gemeinschaftsküche, ein Wintergarten und eine Terrasse.

209 [I7] **Rhein-Hotel St. Martin** €, Frankenwerft 31–33 (Altstadt), Haltestelle: Dom/Hbf oder Rathaus, Tel. 2577955, www.rheinhotel-koeln.de. Modernes Altstadthotel mit Einzel- und Doppelzimmern, Appartments sowie sommerlichem Biergarten direkt am Rheinufer.

210 [I7] **Römerhafen** €, Am Bollwerk 9–11 (Altstadt), Haltestelle: Dom/Hbf oder Rathaus, www.hotel-roemerhafen.de, Tel. 2580684. Altstadthotel mit nur 12 Zimmern direkt am Rhein, das schönste Zimmer ist die Maisonettesuite mit tollem Ausblick.

211 [H6] **Savoy** €€€, Turiner Str. 9 (Nordstadt), Haltestelle: Breslauer Platz/Hbf, Tel. 16230, www.savoy.de. Designhotel mit luxuriösen Standardzimmern und Themensuiten sowie Wellnessangeboten zwischen Breslauer Platz und Eigelstein.

212 [H7] **Stern am Rathaus** €€, Bürgerstr. 6 (Altstadt), Haltestelle: Rathaus, Tel. 22251750, www.stern-am-rathaus.de. Ruhiges Boutiquehotel mit 17 gut ausgestatteten Nichtraucherzimmern am Rathaus in der Altstadt.

213 [J4] **Viktoria** €€€, Worringer Str. 23 (Nordstadt), Haltestelle: Reichenspergerplatz, Tel. 9731720, www.hotelviktoria.de. Luxuriöses Kunst- und Galeriehotel in einer Jugendstilvilla zwischen Dom und Zoo.

214 [F9] **Weber** €, Jahnstr. 22 (Innenstadt), Haltestelle: Zülpicher Platz oder Mauritiuskirche, Tel. 27229950, www.hotelweber.de. Gemütliches Familienhotel in der südlichen Innenstadt zwischen Neumarkt und Zülpicher Platz.

Hostels, Jugendherbergen

•215 [F9] **Black Sheep,** Barbarossaplatz 1 (Ring), Haltestelle: Barbarossaplatz, Tel. 30290960, www.blacksheephostel.de. Hostel mit verschieden eingerichteten Einzel- und Mehrbettzimmer, Selbstversorgerküche, zentrale Lage im studentischen Kneipenviertel.

› **Die Wohngemeinschaft** (s. S. 33). Originell eingerichtete Ein- bis Vierbettzimmer und Schlafsäle – im Erdgeschoss Cafébar.

216 [J7] **Jugendherberge Deutz,** Siegesstr. 5 (Deutz), Haltestelle: Bf Deutz/Messe, www.koeln-deutz.jugendherberge.de, Tel. 814711. 157 Ein- bis Sechsbettzimmer im Stadtteil Deutz, nur wenige Fußminuten über die Hohenzollernbrücke vom Dom entfernt.

217 [H6] **Jugendherberge Pathpoint Cologne,** Allerheiligenstr. 15, (Nordstadt), Haltestelle: Breslauer Platz/Hbf, Tel. 13056860, www.pathpoint-cologne.jugendherberge.de. Nahe am Hauptbahnhof gelegenes Backpacker-Hostel in einstiger Kirche, mit Zwei- und Mehrbettzimmern, Aufenthaltsräumen, Selbstversorgerküche und Frühstücksangebot, Gartenterrasse.

218 [L2] **Jugendherberge Riehl,** An der Schanz 14 (Riehl), Haltestelle: Boltensternstr., www.koeln-riehl.jugendherberge.de, Tel. 9765130.

Das Gebäude der Jugendherberge Pathpoint Cologne war einst eine Kirche

062kn Abb.: djh

169 Ein- bis Vierbettzimmer abseits der City, schöne Lage an der Rheinaue im Stadtteil Riehl.

- •219 [H6] **Station for Backpackers,** Marzellenstr. 44–56 (Innenstadt), Haltestelle: Dom/Hbf, Tel. 9125301, www.hostel-cologne.de. Rucksacktouristen-Treffpunkt mit günstigen Preisen und praktischem Service, 1- bis 6-Bett-Zimmer, sehr zentral nahe Hauptbahnhof und Dom.

Verkehrsmittel

Öffentliche Nahverkehrsmittel

Köln hat ein engmaschiges Netz **öffentlicher Nahverkehrsmittel** und da sich das Parken mit dem Auto wie in jeder größeren Stadt meist schwierig gestaltet, sei jedem angeraten, den ÖPNV auch zu nutzen.

Die Kölner Verkehrs-Betriebe (KVB) betreiben das S-Bahn- und Stadtbahnnetz sowie die Stadtbuslinien. **Stadtbahnen** fahren im Kölner Innenstadtbereich zum Teil als U-Bahnen, jenseits der Innenstadt aber als oberirdische Straßenbahnen. **S-Bahnen** fahren ebenfalls oberirdisch, aber auf demselben Schienennetz wie die Züge der Deutschen Bahn. Daher ist der Hauptbahnhof [H6] ein zentraler Verkehrsknotenpunkt. Im Kölner Innenstadtbereich lohnt es selten, mit dem **Bus** zu fahren, denn die Stadtbahnen kommen besser und schneller voran.

Regionalbuslinien, die in das Kölner Umland fahren, betreut der **Regionalverkehr Köln (RVK)** und mit den Zügen der **Deutschen Bahn (DB)** kann man einige **Vororte** von Köln sowie den Flughafen Köln/Bonn schnell erreichen.

- •220 [H6] **Kundencenter DB,** Bahnhofsvorplatz 1, Servicetel. 01806 996633, Fahrplanauskunft Tel. 0800 1507090, www.bahn.de, Haltestelle: Dom/Hbf
- •221 [G8] **Kundencenter KVB,** Neumarkt (u. a.), www.kvb-koeln.de, Tel. 01803 504030, Haltestelle: Neumarkt
- •222 [I5] **Kundencenter RVK,** Theodor-Heuss-Ring 38–40, Tel. 01804 131313, www.rvk.de, Haltestelle: Ebertplatz
- › **Verkehrsverbund Rhein-Sieg (VRS),** Tel. 01803 504030, www.vrsinfo.de

Haltestellen

In diesem Buch finden sich bei Hotels, Restaurants etc. zahlreiche Angaben zu nächstgelegenen Haltestellen von Stadtbahn, S-Bahn oder Deutscher Bahn. Mithilfe des **Streckennetzplans** (siehe hinterer Umschlag innen und Faltplan) kann man erfahren, wie man zum gewünschten Ziel kommt. Sollte dies von keinem Schienenfahrzeug angefahren werden, sind Stadtbuslinien angegeben.

Zurzeit sind vielfältige **Umbau-, Neubau- und Sanierungsmaßnahmen** im Gange – maßgeblich bedingt durch den Neubau der Nord-Süd-Stadtbahn. Zeitweise Umleitungen sowie Sperrungen bleiben daher nicht aus.

Als nächster bedeutsamer Baufortschritt sollen im **Sommer 2016** die Stationen Severinstraße, Kartäuserhof, Chlodwigplatz und Bonner Wall im Rahmen der Teilinbetriebnahme Süd eröffnet werden (in diesem Buch sind diese Stationen bereits aufgeführt, bis zur Linieneröffnung fahren Busse dorthin). Spezielle Informationen (Sperrungen, Alternativbusse, Baustelleninformationen) zum Bau der Nord-Süd-Stadtbahn liefert die folgende Seite:

- › www.nord-sued-stadtbahn.de

Tickets

Die KVB arbeiten im Verkehrsverbund Rhein-Sieg (VRS) mit anderen Verkehrsunternehmen wie etwa der Deutschen Bahn (DB) zusammen. Vorteil: Die Verbindungen enden nicht an der Kölner Stadtgrenze, das Fahrplanangebot ist aufeinander abgestimmt, es gibt **einheitliche Tarife** und man kann mit demselben Ticket alle Verkehrsmittel benutzen.

Die Ticketpreise sind nach Entfernungsbereichen gestaffelt. Bis zu vier Stationen weit – auch mit Umsteigen – kann man mit dem **Kurzstreckenticket K** fahren (1,90 €), das in allen Stadtbahnen und Bussen (außer für manche Schnellbusse), nicht jedoch in S-Bahnen und DB-Zügen gilt. Wer weiter fahren möchte, muss eine **höhere Preisstufe** wählen (CityTicket, CityPlusTicket, RegioTicket). Anders als Kurzstreckentickets gelten diese Fahrkarten auch in S-Bahnen und bei der DB (RegionalBahn und RegionalExpress), auch wenn man umsteigt und dabei das Verkehrsmittel wechselt. Wer mehr als vier Stationen fährt, kann sich mit dem **CityTicket 1b** (2,80 €) innerhalb des gesamten Kölner Stadtgebiets fortbewegen (das CityTicket 1a für 2,40 € betrifft Fahrten innerhalb aller anderen Städte und Gemeinden im VRS, außer Köln und Bonn). Wer mehrmals fährt, spart mit 4er-Tickets Geld.

Fahrtunterbrechungen/Umsteigen: Bei Kurzstreckentickets muss man sein maximal vier Stationen entferntes Ziel innerhalb von 20 Min. nach Fahrtantritt erreichen. Mit dem CityTickets 1a bzw. 1b muss man nach maximal 90 Min. angekommen sein und darf dazwischen die Fahrt z. B. zwecks Schnell-Sightseeing oder Kurzeinkauf unterbrechen.

Für **Vielfahrer** interessant können z. B. das **Tagesticket** (1b: 8,10 €) oder das **Wochenticket** (1b: 23,30 €) sein. Eine **Gruppe** von bis zu fünf Personen kann mit einer Variante des Tagestickets (1b: 12,10 €) kostengünstig Köln erkunden. Wer in Besitz der **KölnCard** (s. S. 116) ist, braucht übrigens keinen Fahrschein ziehen.

Taxi

Taxistandplätze gibt es an nahezu jedem zentralen Platz und vor bedeutenden Sehenswürdigkeiten und Hotels. Bestellen kann man sich ein Taxi z. B. hier:

› **Taxi-Ruf Köln**, Tel. 2882, www.taxiruf.de
› **Taxi Köln C & U**, Tel. 7788900, www.taxi-koeln-claren-ulhaas.de

Rheinüberquerungen

•**223** [I7] **Personenfähre.** Überquert tagsüber etwas nördlich der Hohenzollernbrücke den Rhein zwischen Altstadt und Deutz (ca. April–Okt., Fahrten nach Bedarf zwischen ca. 10 und 18 Uhr, Tel. 121666, einfache Strecke 2 €, Tickets auf dem Schiff)

› Von April bis Oktober überquert die **Rheinseilbahn** (s. S. 98) entlang der Zoobrücke den Rhein.

Tausende „Liebesschlösser" zieren die Hohenzollernbrücke [I7]

ANHANG

083kn Abb.: kk

Register

▷ *Figuren am Portal des Kölner Doms*

084kn Abb.: kk

Register

Die Autorin

Kirstin Kabasci ist waschechter „Immi“ – also ein Köln-Immigrant. Über zwei Jahrzehnte hat sie den tagtäglichen Domblick und das Veedelsleben in Nippes genossen – wenn sie nicht als Reisebuchautorin in fremden Städten unterwegs war. Inzwischen ist sie ins Grüne gezogen und möchte mit diesem Buch ihren Lesern die Rheinmetropole vorstellen und die kölsche Lebensart ans Herz legen.

Updates nach Redaktionsschluss

Unter **www.reise-know-how.de** werden aktuelle Ergänzungen und Änderungen der Autoren und Leser zum vorliegenden Buch bereitgestellt. Sie sind zugleich in der **Web-App** zum Buch abrufbar.

Schreiben Sie uns

Dieses Buch ist gespickt mit Adressen, Preisen, Tipps und Daten. Unsere Autoren recherchieren unentwegt und erstellen alle zwei Jahre eine komplette Aktualisierung, aber auf die Mithilfe von Reisenden können sie nicht verzichten. Darum: Teilen Sie uns bitte mit, was sich geändert hat oder was Sie neu entdeckt haben. Gut verwertbare Informationen belohnt der Verlag mit einem Sprachführer Ihrer Wahl aus der Reihe „Kauderwelsch“.

Kommentare übermitteln Sie am einfachsten, indem Sie die Web-App zum Buch aufrufen (siehe Umschlag hinten) und die Kommentarfunktion bei den einzelnen auf der Karte angezeigten Örtlichkeiten oder den Link zu generellen Kommentaren nutzen. Wenn sich Ihre Informationen auf eine konkrete Stelle im Buch beziehen, würde die Seitenangabe uns die Arbeit sehr erleichtern.

Impressum

Kirstin Kabasci

CityTrip Köln

3., neu bearbeitete und komplett aktualisierte Auflage 2015

ISBN 978-3-8317-2606-6
Printed in Germany

Druck und Bindung:
Media-Print, Paderborn

Herausgeber: Klaus Werner
Layout: amundo media GmbH (Umschlag, Inhalt), Peter Rump (Umschlag)
Lektorat: amundo media GmbH
Karten: Ingenieurbüro B. Spachmüller, amundo media GmbH
Anzeigenvertrieb: KV Kommunalverlag GmbH & Co. KG, Alte Landstraße 23, 85521 Ottobrunn, Tel. 089 928096-0, info@kommunal-verlag.de
Kontakt: Osnabrücker Str. 79, 33649 Bielefeld, info@reise-know-how.de

Alle Angaben in diesem Buch sind gewissenhaft geprüft. Preise, Öffnungszeiten usw. können sich jedoch schnell ändern. Für eventuelle Fehler übernehmen Verlag wie Autorin keine Haftung.

Bildnachweis

Umschlagvorderseite: Fotolia.com © davis | Umschlagklappe rechts: Kirstin Kabasci
Soweit ihre Namen nicht vollständig am Bild vermerkt sind, stehen die Kürzel an den Abbildungen für die folgenden Fotografen, Firmen und Einrichtungen. DJH Rheinland, Düsseldorf: djh | Farina Duftmuseum: fa | fotolia.com: fo | HoteLux: hl | KölnMusik/Jörg Heijal: jh | Kirstin Kabasci: kk | www.koelntourismus.de: kt | Klaus Werner: kw | Koelnmesse: km | KölnTrianglePanorama/Michael Palm: mp | Stadt Köln: sk | Schokoladenmuseum: sm | Wallraf-Richartz-Museum & Fondation Corboud: wrm

REISE KNOW-HOW
Albanien
Sardinien
Tessin
Lago Maggiore
Nordseeküste
Schleswig-Holstein
Ostseeküste
Andalusien
Litauen
England
Norden und Mitte
New York City
POSEN
WISMAR
ROSTOCK · WISMAR
WIESBADEN
PALMA de Mallorca
BUENOS AIRES
GÖTEBORG
ROTTERDAM
TRIER
WARSCHAU
CityTrip
mit Faltplan
Brasilianisch plus Wörterbuch
Kauderwelsch plus
Französisch Slang
Polnisch Slang
Kauderwelsch
Polnisch Slang

Zu Hause und unterwegs – intuitiv und informativ

www.reise-know-how.de

- **Immer und überall** bequem in unserem Shop einkaufen
- Mit **Smartphone, Tablet** und **Computer** die passenden Reisebücher und Landkarten finden
- **Downloads** von Büchern, Landkarten und Audioprodukten
- Alle **Verlagsprodukte** und **Erscheinungstermine** auf einen Klick
- **Online** vorab in den Büchern **blättern**
- Kostenlos **Informationen**, **Updates** und **Downloads** zu weltweiten Reisezielen abrufen
- **Newsletter** anschauen und abonnieren
- Ausführliche **Länderinformationen** zu fast allen Reisezielen

Liste der Karteneinträge

Liste der Karteneinträge

Legende der Karten- und Textsymbole

- Arzt, Apotheke, Krankenhaus
- Bar, Bistro, Klub, Treffpunkt
- Bibliothek
- Biergarten, Kneipe, Pub
- Café
- Galerie
- Geschäft, Kaufhaus, Markt
- Hotel, Unterkunft, Apartments
- Imbiss
- Informationsstelle
- Internetcafé
- Jugendherberge, Hostel
- Kirche
- Kloster
- Museum
- Musikszene, Disco
- Postamt
- Restaurant
- Sehenswürdigkeit
- Sonstiges
- Synagoge
- Theater
- vegetarisches Restaurant
- Weinlokal
- U-Bahn
- S-Bahn

- Shoppingareale
- Gastro- und Nightlife-Areale
- Stadtspaziergang (s. S. 16)

Hier nicht aufgeführte Nummern liegen außerhalb der abgebildeten Karten. Ihre Lage kann aber wie die von allen Ortsmarken im Buch mithilfe der Web-App angezeigt werden (s. S. 144).

Köln mit PC, Smartphone & Co.

QR-Code auf dem Umschlag scannen oder **www.reise-know-how.de/citytrip/koeln15** eingeben und die **kostenlose Web-App** aufrufen (Internetverbindung zur Nutzung nötig)!

★ **Anzeige der Lage und Satellitenansichten** aller beschriebenen Sehenswürdigkeiten und touristisch wichtigen Orte
★ **Routenführung** vom aktuellen Standort zum gewünschten Ziel
★ **Exakter Verlauf** des empfohlenen Stadtspaziergangs
★ **Aktuelle Infos** nach Redaktionsschluss

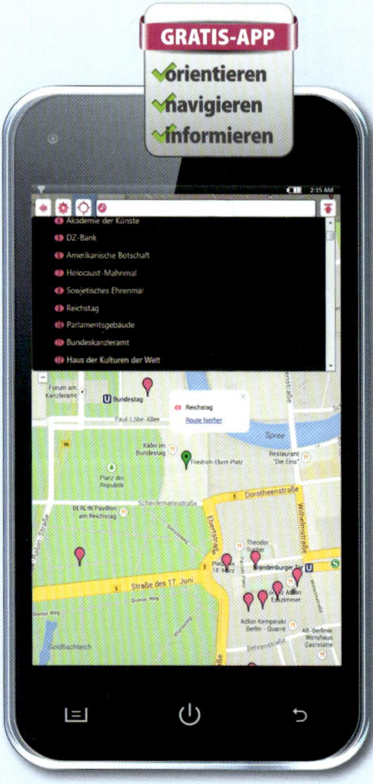

www.reise-know-how.de/citytrip/koeln15

GPS-Daten zum Download

Auf der Produktseite dieses Titels unter www.reise-know-how.de stehen die GPS-Daten aller Ortsmarken als KML-Dateien zum Download zur Verfügung.

Stadtplan für mobile Geräte

Um den Stadtplan auf Smartphones und Tablets nutzen zu können, empfehlen wir die App „PDF Maps" der Firma Avenza™. Der Stadtplan wird aus der App heraus geladen und kann dann mit vielen Zusatzfunktionen genutzt werden.

Unsere App-Empfehlungen zu Köln

- **Stadt Köln:** Offizielle App der Stadtverwaltung mit vielen praktischen Infos zu aktuellen Themen, Verkehrslage, Parkplätzen und Veranstaltungen (kostenlos für Android und iOS).
- **Prinz Top Guide:** Tipps zu Szenerestaurants, angesagten Klubs, Cafés, Bars und Shoppinglocations (kostenlos für iOS).
- **JeckApp:** Die witzige Karnevals-App bietet ein Schunkelbarometer und eine Jecke Tastatur (kostenlos für Android und iOS).
- **VRS Info:** Die App des Verkehrsverbunds Rhein-Sieg informiert über aktuelle Abfahrtszeiten im Kölner Streckennetz und bietet dank Standortbestimmung auch die Möglichkeit, problemlos die nächste Haltestelle zu finden (kostenlos für Android und iOS).
- **Das Kölsche Online-Wörterbuch:** Was ist ein „Tüütenüggel" oder ein „Parapluie"? Eine Übersetzung ins Hochdeutsche bietet diese App – auch eine umgekehrte Übersetzung ins Kölnerische ist möglich (kostenlos für Android und iOS).